슬픈 열대, 공생을 향한 야생의 모험

슬픈 열대, 공생을 향한 야생의 모험

발행일 초판1쇄 2022년 7월 15일 | **지은이** 오선민
펴낸곳 북드라망 | **펴낸이** 김현경 | **주소** 서울시 종로구 사직로8길 24 1221호(내수동, 경희궁의아침 2단지) |
전화 02-739-9918 | **팩스** 070-4850-8883 | **이메일** bookdramang@gmail.com

ISBN 979-11-92128-15-3 03120

책으로 여는 지혜의 인드라망, 북드라망 **www.bookdramang.com**

슬픈 열대, 공생을 향한 야생의 모험

오선민 지음

티
BookDramang
북드라망

머리말

머리말은 책을 다 마무리한 뒤에 마지막으로 쓰는 글입니다. 여기서는 『슬픈 열대』를 다 읽고 난 뒤 저에게 일어났던 일을 조금 말씀드리고 싶습니다. '타인이란 내가 살아 볼 수도 있었을 그 삶을 사는 이들이다.' 엄청나게 두꺼운 여행기였지만 『슬픈 열대』가 말하려는 바는 단순했습니다. 그런데 이상했지요. 이 말이 제 마음을 떠나지 않는 것입니다. 타인, 다른 삶을 살아가는 사람들이란 누구며 어디에 있을까요? 저는 레비-스트로스와 달리 열대가 아니라 한반도에 살고, 둘러보면 알 만한 사람들뿐인데 말입니다. '다름'이란 뭘까요?

천천히 생각해 보니 그동안 제가 놓치고 있던 것을 볼 수 있었습니다. 저는 늘 '좀 다르게 살아야지, 다르게…'를 입버릇처럼 달고 있었는데요, 실은 거창한 의미 부여에 바빴을 뿐 사는 것은 그대로였습니다. 특별한 인생철학이나 새로운 공부법이 있어야 한다는 강박 때문에 입시 보는 학생처럼, 많은 성과를 향해 내달리는 직장인처럼, 언제나 초조했습니다. 제겐 '다르다'라는 것이 고상하기 그지없는 추상적인 목표로 설정되어 있었던 것이지요.

레비-스트로스가 말하는 타인은 멀리 있지 않았습니다. 학교 앞 보도에서 깃발을 들고 교통 정리를 해주시는 선생님, 실내화 가방을 휘두르며 삼삼오오 교문으로 뛰어가는 학생들, 그 풍경을 보며 세탁소 문을 여시는 사장님, 그리고 버스를 놓칠까 봐 세탁소 앞을 뛰어가는 아줌마와 아저씨…. 레비-스트로스는 구체적으로 자기 하루를 꾸려 가는 한 사람 한 사람을 타인이라고 보았습니다. 그런데 다른 차림, 다른 걸음을 하는 이들이 실은 자기라고도 하지요. 일단은 길고양이나 떡갈나무가 아니라 인간이니까요. 더군다나 2022년 초여름이라는 시공간을 공유하고도 있고요. 각자 조금씩 더 행복하기 위해 노력한다는 욕망의 공통성도 있습니다. 어쩐지 초월적인 인류애로 나아가는 것 같기도 합니다.

하지만 레비-스트로스의 저 명제를 음미하고 또 음미하니까 거창한 인간애 같은 것이 아니라 연민이 올라왔습니다. 공차기가 뜻대로 안 돼 화가 엄청 나 있는 아이에게 감정이입이 불쑥되기도 하고요. 남들 다 하는 육아하면서 뭘 그리 폼을 잡나 부끄러워지기도 했습니다. 또, 잘 살려고 애쓰는 거라지만 굳이 저렇게까지 할 필요는 없어!라고 생각되는 일도 눈에 들어왔지요. 저는 많은 데를 두리번거리기 시작했습니다. 식탁에도 변화가 있었습니다. 전에는 대충 먹고 치우기 바빠 수저 놓고 그릇에 음식 담는 일도 소홀히 했지요. 그런데 대형마트에서 모셔 온 두부며 생선이지만 그 사이에 누군가 있다는 생각을 하게 되었습니다. 가끔은 프라이 된 계란을 두고 '넌 어쩌다 여기서 터져 있니?' 하는 식으로 말 건네고 놀다 보니 동화 속 세계가 따로 없어 웃을 일도 많아졌습니다. 집이란 물건이나 생물이 잘 들어왔다 나가야 하는 곳이구나 알게 되었습니다. 그러다가 문득 발견했습니다. 아이들과 제가 식탁을 닦고 있다는 것을요.

『슬픈 열대』를 읽은 뒤로 저는 인류학 공부를 본격적으로 시작했습니다. 인류학은 인류의 온갖 삶에 관심을 두는 학문이니까요. 레비-스트로스의 『야생의 사고』라든가 마르셀 모스의 『증여론』 같은 인류학 고전들은 남아메리카며 태평양까지 종횡무진, 수많은 사람들의 살림살이를 소개합니다. 매번 저는 이렇게나 다양한 관습들이 있구나! 감탄했습니다.

그리고 특이한 점을 발견했습니다. 소위 '인류학'이라고 분류되는 책들은 같은 대상을 다르게 해석하기에 거침이 없었습니다. 예를 들면 클리퍼드 기어츠가 쓴 『극장국가 느가라』(김용진 옮김, 눌민, 2017)와 제임스 C. 스콧이 쓴 『조미아, 지배받지 않는 사람들』(이상국 옮김, 삼천리, 2015)은 똑같이 발리 고산지대의 정치공동체를 분석하지만, 전자는 국가를 '신성함 속에서 하나가 되기 위한 의례 장치'로 정의하는 반면, 후자는 '벼농사에 기반한 지배와 착취 체

제'로 정의합니다. 누구나 다 아는 '국가'인 줄 알았는데 실은 다
채로운 정의가 가능했습니다. 그러니까 인류학은 다양한 인류사
를 채집하는 학문이 아니라, 같은 대상 다르게 보기를 시도하는
공부법이었습니다.

레비-스트로스도 같은 말을 했다는 것을 알 수 있었습니다.
타인의 삶이든 나의 삶이든 그것을 읽어 낼 수 있는 방법은 무한
합니다. 레비-스트로스는 타인을 '내가 살아 볼 수 있었던 그 삶
을 사는 자'로 정의했습니다. 이것은 타인의 시선으로 내 삶을 한
번 돌아보라는 말이었습니다. 저는 이 생각에 이르렀을 때 깜짝
놀랐습니다. 아이들 눈에, 세탁소 사장님의 눈에 저는 과연 어떻
게 보일까요? 타인의 관점을 경유하면 나 자신이 좀 어색해집니
다. 이런 시점 전환의 시도는 내 모습에 대한 고집을 내려놓게 하
고 공생을 고민하게 합니다.

『슬픈 열대』를 읽은 뒤로 저는 인류학에 대한 정의를 새로
만들어 보았습니다. 인류학이란 그날이 그날 같은 이 일상을 다
르게 보려는 노력입니다. 노력이기 때문에 완료는 없고요. 그냥
마음먹기에 그쳐서도 안 됩니다. 무엇보다 타인의 관점을 배우
려고 애써야 합니다. 그러니 인류학 공부는 반드시 누군가와 함
께해야겠지요. 같은 책을 다르게 읽고 있는 그와 함께, 서로의 말
에 귀 기울이는 훈련을 열심히 해야 합니다. 인류학 하기란 이런
노력의 장에 몸을 풍덩 빠트리는 일입니다.

* * *

이 책은 〈인문공간 세종〉과 〈남산 강학원〉에서 친구들과 인류학 세미나를 하며 썼습니다. 매주 빠짐없이 발제문을 쓰며 서로 해석을 겨루었습니다. 책도 각자의 다른 생각도 이해하기 어려워 많이 힘들었지만 세미나가 끝날 때에는 어김없이 '공부는 끝이 없구만 ^^' 하며 웃었습니다. 책을 정리하면서는 북드라망 출판사 홈페이지에 연재를 했습니다. 덕분에 알지 못하는 누군가가 제 글을 읽고 있다는 생각을 놓치지 않을 수 있었습니다. 친구들과 북드라망 출판사, 그리고 그 누군가가 없었더라면 저는 글 쓸 수 없었겠지요. 그러니 이 책은 레비-스트로스 선생님과 우리가 만나 함께 썼다고 해야 합니다. 감사합니다.

글 쓰며 공부 나누기에 힘쓰시는 공동체의 모든 선생님들께 인사드립니다. 건강하셔요. 우리, 인류학 세미나에서 또 만나요!

2022년 초여름에

오선민 드림

차례

일러두기

1 이 책에서 인용한 레비-스트로스의 『슬픈 열대』는 박옥줄 옮김, 한길사, 1998년 판본이며, 『야생의 사고』는 안정남 옮김, 한길사, 1996년 판본입니다. 레비-스트로스의 이 두 저작을 본문 중 인용할 때는 서명과 쪽수로 간단히 표시했습니다.

2 『슬픈 열대』와 『야생의 사고』를 제외한 레비-스트로스의 저작과 다른 저자들의 저작 인용 시에는 해당 서지가 처음 나오는 곳에 지은이, 서명, 출판사, 출판 연도, 인용 쪽수를 모두 밝혔습니다. 이후 다시 인용할 때는 지은이, 서명, 인용 쪽수만으로 간략히 표시했습니다.

3 단행본·정기간행물의 제목에는 겹낫표(『』)를, 논문·시 등의 제목에는 홑낫표(「」)를, 영화 등에는 홑화살괄호표(〈 〉)를 사용했습니다.

4 인명·지명 등 외국어 고유명사는 2002년에 국립국어원에서 펴낸 외래어표기법을 따라 표기했습니다.

인트로

다시, 숲으로

인트로_다시, 숲으로

저는 코로나가 기세를 부리기 시작한 2021년 여름에 『시작도 끝도 없는 모험, 그림 동화의 인류학』(이하 『그림 동화의 인류학』)이라는 책을 썼습니다. 이 책은 공주가 왕국을 나와 숲에서 모험을 하고 돌아온다는, 옛이야기의 기본적 틀을 분석하고 있는데요. 저는 동화를 삶의 모든 전제를 내려놓고 '온갖 것들'과 공생의 지혜를 모으는 인류의 오래된 지혜로 읽어 보려 했습니다.

지금 인류는 코로나 바이러스와 함께 전대미문의 팬데믹 상황을 겪고 있습니다. '모든 접촉을 끊어야 한다!'는 지상의 과제 앞에서 학교와 회사 같은 기초적인 만남의 장마저 폐쇄되었습니다. 많은 사람들이 바이러스 저지와 치료를 위해 격리에 들어갔습니다. 바이러스의 급속한 확산은 우리에게 경고를 보내고 있습니다. 인류는 지금 너무 가깝다! 저는 그 '가까움'을 적극적으로 돌파해 갈 수 있는 관점을 『그림 동화』가 제시한다고 생각했습니다. 동화의 숲에는 가장 가까운 존재인 부모가 아니라, 나와는 완전히 '다른' 마녀나 난쟁이, 늑대와 고양이와 함께 문제를 해결하는 주인공들로 가득하니까요.

책의 출간과 함께 몇 번의 북토크를 하게 되었습니다. 몇 가지 중요한 질문을 받았습니다. 그 중 하나가 '동화는 누구의 것인가?'였습니다. 저는, 편견 없이 타자들과 함께 세상을 살아갈 용기가 있는 모든 이들에게 동화의 숲은 열려 있다는 말씀을 드렸습니다. 그런데 뭔가 석연치 않았습니다. 이 대답은 막연하게 좋은 이야기에 불과했기 때문입니다.

거기에는 그 무렵 제가 백신을 2회 차까지 접종했던 까닭도 있었습니다. 코로나 시대에 가장 문제가 되는 타자는 바이러스입니다. 그 타자와의 공생에 대한 인류의 해법은 백신이지요. 백신은 인체 안에 바이러스와 공생하는 길을 내는 것인데요, 백신을 맞게 되면 그 사람은 바이러스라고 하는 타자와 함께 살아갈 수 있게 됩니다. 물론 우리 몸은 코로나 바이러스를 맞아들이지 않아도 이미 많은 바이러스, 기생충 등의 공생터입니다. 저는 백신을 통해 타자들과 계속 함께 살아가는 존재인 우리를 다시 돌아보았습니다.

그런데 백신에는 '망각'이라고 하는 강력한 부작용도 있었습니다. 접종 직후부터 일상 회복을 향한 기대가 되살아났기 때문입니다. 이제 아이들 학교도 보내고 어디 여행도 좀 갈 수 있게 되겠구나, 하는 원래의 상식과 욕망이 금방 고개를 드는 게 아니겠습니까? 코로나와의 공생이라기보다는 코로나 바이러스를 꿀꺽한 느낌이었습니다. 마치 아무 일도 없었다는 듯이요. 바로 이 지점에서 저는 가던 길을 멈추고 멍하게 몇 분간 하늘을 보고 서 있을 수밖에 없었습니다. 백신은 분명 나를 타자에게 맞추기 위한 노력의 일환이었는데, 저는 백신과 함께 자기중심적인 삶으로 더욱 강하게 복귀하고 말았던 것입니다. 우리는 타자와의 공생이 결국 자기애(Narcissism)로 귀결되지 않도록 '공생'의 의미와 방법에 대해 구체적으로 고민해야 합니다.

동화는 숲의 이야기이고, 숲에는 심지어 죽음도 들어가 있습니다. 동화는 나와 결코 가까워질 수 없는 존재들을 완전히 흡수하기를 거부하고, 그들과의 관계를 집중적으로 주시합니다. 그러니 인류의 모든 옛이야기는 오직 타자 문제에 집중했다고 해도 과언이 아닙니다. 쉽게 자기 왕국을 재건하려는 저를 보니, 어쩌면 인류의 동화는 이런 자성을 겨냥하고 타자들과의 공존에 대해 다시 생각하기를 거듭 촉구하는 알람 역할을 해왔다는 생각이 들었습니다. 업적과 소유물로 자신의 왕국을 채우기를 그만두라! 프로이트식으로 말하면, 동화는 억압된 타자들의 존재가 계속 회귀해서 습속의 도덕과 전쟁을 벌이는 상상터인 것입니다. 이것이 몇천 년 동안 동화가 읽힌 원인이었습니다.

'나 아닌 것'이란 구체적으로 무엇이라고 할 수 있을까요? 동화에서는 재크의 콩 한쪽(『재크와 콩나무』), 계모가 되어 버리는 엄마(『백설공주』) 등입니다. 작지만 하늘과 땅, 인간과 괴물 사이를 연결하지요. 목숨 걸고 낳아 주지만 죽어라 죽이기도 하는 모성입니다. 즉 나와 관계 맺는 대상 모두는 정체성을 따로 갖지 않습니다. 그들은 조건에 따라 계속 모습을 바꾸면서 내 삶에 개입

합니다. 인류는 자신의 '타자'를 왜 굳이 이런 방식으로 그린 것일까요? 또 무엇 때문에 이런 타자들과 관계 맺지 않으면 안 된다고 보았을까요? 저는 인류가 '타자'를 어떻게 규정했으며, 그것과의 관계 맺음에서 어떤 위험과 가능성을 탐색했는지를 본격적으로 이해해 보고 싶어졌습니다.

그렇게 해서 만난 책이 레비-스트로스의 『슬픈 열대』입니다. 레비-스트로스(Claude Lévi-Strauss, 1908~2009)는 현대 인류학의 아버지라고도 불립니다. 그는 남아메리카의 여러 원시 부족들을 탐방했는데, 다른 인류학자들과 달리 각 부족의 특징에 집중하지 않고 인간 의식 활동의 공통적 특질을 찾아보려 했습니다. 저는 『그림 동화의 인류학』을 쓰면서 인류학 자체에도 관심을 갖게 되었기 때문에 그 학문에 좀 더 들어가고 싶기도 했습니다. 그래서 인류의 정신적 본질 같은 것에 대한 지식을 얻고자 레비-스트로스의 초기 저작인 『슬픈 열대』(*Tristes Tropiques*)에서 시작을 했습니다.

그리고 깜짝 놀랐습니다. 『슬픈 열대』야말로 '타자'를 찾아 떠나는 동화가 아니겠습니까? 이 여행기에서는 프랑스 지성계를 주름잡을 수도 있었던 최고의 인문학도가 부와 명예를 다 버리고 돌연 남아메리카 열대의 오지로 들어가서 보물을 찾습니다. 레비-스트로스는 타자를 찾으러 가야 했다고 책의 도입부에서 분명하게 밝힙니다. 물론 그가 만난 타자들은 곰가죽을 입은 사나이도, 저주에 걸린 개구리도 아닙니다. 그들은 보통의 유럽 사람들의 눈에는 인간 이하로 여겨지던 여러 인디언 부족들이 었는데, 파리의 인류학자 입장에서는 그들에 대한 지식이야말로 입신출세를 가능케 할 보물입니다.

하지만 여러 가지 점에서 제가 기대한 동화는 아니었습니다. 프랑스의 아카데미라는 왕국을 맨몸으로 떠나는 것은 맞지만, 어느 순간부터 레비-스트로스는 자신이 통과하는 열대의 숲을 객관적으로 이해하려는 노력을 거의 하지 않았습니다. '타자'를 찾으러 떠난다고 하는 문제의식이 선명함에도 불구하고 그는 '다른 정체성들'에 대해 거의 설명하지 않았습니다. 덜 문명화된 야만인들, 백인들의 지식을 보충해 줄 타자들은 나오지 않았어요. 심지어 레비-스트로스는 '인류'를 정의할 생각조차 없어 보였습니다.

열대의 아마존은 생물 다양성이 극대화되어 있는 지구의 허파입니다. 레비-스트로스는 온갖 타자들이 '포식과 피식의 거대한 관계망 속에서' 서로에게 그때그때의 방식으로 '타자가 되고 있음'을 계속 관찰해 갔습니다. 열대의 사람들은 나의 생존이라는 목표 앞에서 나와 나 아닌 것들을 때맞게 밝히기에 선수들이었지요. 하지만 서로에게 타자임을 직시하면서도 그러한 적대로부터 공생의 윤리를 매번 다르게 발명하고 있었습니다.

『슬픈 열대』에는 다양한 원시의 지혜가 소개되어 있고, 이것은 확실히 재미가 있었습니다. 그런데 책을 덮고 마음에 남은 부분은 다른 지점이었습니다. 레비-스트로스가 공생의 지혜를 얻기 위해서 필요한 것은 단지 깊고 넓은 인식의 모험이라고 말하는 듯했기 때문입니다. 그것은 배울 수 있는 것이 아니라, 행할 수 있을 뿐인 것 같았습니다. 아이들, 동식물들, 혹은 여성에 이르기까지 세상에는 타자에 대한 지식이 차고 넘치도록 많습니다. 그런데 『슬픈 열대』는 우리 각자가 어떻게 타자를 만들고 있는지, 어떻게 타자가 되어 가는지를 이해하려는 노력을 더 강조했습니다.

그는 굳이 왜 여행기를 썼을까요? 낯선 곳에서 우리는 나와 '다른' 것들을 발견하기에 바쁘지요. 그러면서 내 삶을 정당화하기도 하고 반성하기도 합니다. 그러나 모든 깨달음은 결국 '너는 너, 나는 나'라고 하는 정체성 확인으로 귀결됩니다. 레비-스트로스는 이런 배타적 자기규정을 넘어가기 위해, 타자와의 만남이 거듭되는 여행을 함으로써 자신이 어떤 방식으로 '다름'을 만들어 내는지를 보려고 했습니다. 그래서 『슬픈 열대』는 레비-스트로스라는 한 개인의 정신을 해부하는 글이 되어 갑니다.

『슬픈 열대』 안에서 '인류'는 계속 얼굴을 바꿉니다. 레비-스트로스에 따르면 자타를 규정적으로 나눌 수 없듯, 인류 자체라는 것도 객관적으로 존재하지 않습니다. 레비-스트로스는 빽빽한 우림 한가운데에서 조금씩 열대인이 되어 갔습니다. 그는 자기 자신으로부터 점점 멀어지고 있었고 나중에는 거의 정신분열이라도 된 듯이 자신을 남처럼 바라보았습니다. 레비-스트로스가 열대에서 찾은 보물은 '계속해서 타자가 되어 가고 있는 자신'

이었습니다. 다르고 또 다른 관계들 속에서 새롭게 출현하는 자기인 것입니다. 레비-스트로스는 '이들은 나의 어떤 욕망과 세계관이 발명한 타자들인가?'를 계속 묻다가 마침내 인류의 한 사람으로서, 타자들이 우글거리는 숲에서 타자로 존재하는 자신을 보게 되었습니다.

타자를 지정하지 않을 수 없고, 그런 다음에는 관계 맺지 않을 수 없고, 그런데 또 그 모든 관계는 상황에 따라 무상하게 나타났다 사라지고. 따라서 다른 것들과 함께인 나를 이해하려는 노력은 중단 없이 이루어져야만 합니다. 동화 속 주인공들이 거듭 숲으로 들어갔던 것처럼 말입니다. 『슬픈 열대』는 타자들과 함께하는 삶을 위한 첫걸음은 이렇게 창발하는 시공간 속에 살아야 하는 자신을 이해하고 성숙시키는 데에 있다고 말하는 책이었습니다.

이제부터 저는 레비-스트로스와 함께 '슬픈 열대'로 들어갑니다. 레비-스트로스가 자신으로부터 멀어지는 과정을 거대한 우림의 풍경과 함께 보이면서, 책의 순서를 따라 각 챕터에서 강조하고 있는 부분을 나름대로 밝혀 보려고 합니다. 그가 소개하고 있는 인류의 여러 공생법에 대해서도 해석해 보겠습니다. 이 책은 레비-스트로스와 함께 '성숙'이라는 주제를 공부한 저의 인류학 수련기이기도 합니다.

제1부

우리가 정말 다른 것을 볼 수 있을까?

세상에는 하늘의 별만큼이나 많은 여행지가 있고, 또 그만큼이나 많은 여행의 기록들이 있습니다. 최초의 서사시인 『길가메시 이야기』도 영웅 길가메시가 떠나는 지옥 여행기이고요, 그 밖에 가르침을 향해 떠난 혜초의 『왕오천축국전』, 삼장법사와 원숭이 손오공 일행의 『서유기』, 구원의 길 단테의 『신곡』, 삶의 지복을 노래한 괴테의 『파우스트』, 온갖 이상한 나라가 다 튀어나오는 『걸리버 여행기』 등이 있습니다. 19세기가 되면 과학 기술의 발달에 힘입어 지하로도 우주로도 떠나는 과감한 이야기들이 많이 나오는데요, 덕분에 SF(science fiction)라고 하는 하나의 문학 장르가 나타나기도 했습니다. 몇억 광년이나 떨어진 우주별이건, 진리가 태어나는 이상국이건, 추방된 자의 지옥이건, 지금도 누군가는 미지의 세계를 향해 쉼 없이 걸어가는 중입니다. 인간은 왜 미지(未知), 즉 아직 모르는 그 세계에 대한 욕망을 멈출 수 없는 것일까요? 도대체 '미지'란 무엇일까요?

이제부터 우리가 함께 읽어 볼 『슬픈 열대』는 낯선 세계를 욕망하는 인간의 본성과 그 추구의 끝에 대해 말하고 있는 여행기입니다. 이 책을 쓴 이는 인류학의 거장 레비-스트로스입니다. 레비-스트로스는 1935년에 스물일곱 살의 나이로 브라질에 새로 신설된 상파울루 대학 사회학 교수에 부임했습니다. 그는 열대로 들어간 뒤, 1939년까지 주말이나 방학을 이용하여 남미의 카두베오족과 보로로족을 방문하여 민족학 조사를 했습니다. 1938년에는 아예 대학을 떠나 1년간 남비콰라족과 투피 카와이브족 등 브라질 북서부 원주민 사회를 조사하기도 했지요. 백인이 거의 들어간 적이 없는, 다시 말해서 그 어떤 유럽의 지식으로도 번역된 적이 없는 미지의 삶에 대한 호기심이 레비-스트로스를 열대의 한가운데로 깊이 더 깊이 들어가게 했습니다. 『슬픈 열대』는 바로 그 미지 탐사에 대한 보고서입니다.

그런데 흥미롭습니다. 왜 레비-스트로스는 이 열대가 슬프다고 할까요? 열대가 사람도 아닌데 감정을 느끼는 것일까요? 사실 레비-스트로스는 책에서 단 한 번도 '이 장면이 슬프군요'라고 말하지 않습니다. 사실 그의 여행기를 장악하는 것은 슬픔이라기보다는 경외감입니다. 레비-스트로스는 자신의 시선이 머무는 도처에서 삶의 낯선 신비를 발견하기 때문입니다.

『슬픈 열대』가 우리들의 관심을 끄는 보다 중요한 이유가 하나 더 있습니다. 그것은 레비-스트로스가 열대에 대해 그토록 감탄했음에도 무려 20년 동안 그 풍경의 의미를 제대로 소화할 수 없었다는 점입니다. 그는 『슬픈 열대』를 쓰기 위해 1954년이 될 때까지 기다려야 했습니다. 물론 남미 체류 중간에 「보로로족의 사회조직에 대한 연구」(1936)라든가, 「문명화된 야만인 가운데서」(1936) 등의 논문을 발표한 적도 있습니다. 하지만 레비-스트로스가 본격적으로 인류학자로서 활동하게 되는 것은 1949년에 박사논문 『친족의 기본구조』를 출판하고부터입니다. 『슬픈 열대』는 그 뒤로도 5년이나 더 필요했어요. 레비-스트로스는 자신의 열대 체험, 그 미지로의 여행에 대해 20년 동안 숙고를 거듭했습니다. 브라질의 '야만인'들은 그 '미개한' 문명으로 보아 누구나가 인정하듯 유럽의 타자들이었습니다. 레비-스트로스는 왜 '타자의 미개함'이라는 문제를 그토록 오래 품고 있었던 것일까요? 애초에 그에게 '타자'란 어떤 존재였을까요?

1. 4년의 여행, 20년의 침묵

레비-스트로스가 『슬픈 열대』를 출간한 것은 1955년입니다. 이
무렵 레비-스트로스는, 1935년부터 1939년까지 남아메리카를
직접 탐험하고 돌아온 인류학자로서, 어느 정도 널리 알려져 있
었습니다. 파리에서 남미 원주민들의 일상생활을 알리는 전시회
를 열기도 했고, 1941년에 뉴욕의 사회연구 뉴스쿨(New School for
Social Research)에서 활동하면서 프랑스 인류학을 미국에 소개한
이력도 있어서 파리 인류학계의 아주 중요한 지위에 있게 되었
습니다.

　『슬픈 열대』의 출간 6년 전에는 『친족의 기본구조』를 통해
앞 세대 인류학자들과는 조금 다른 인류학을 제시하기도 했습니
다. 유럽 인류학 1세대는 나폴레옹의 해외원정을 통한 식민지 개
척의 부산물로서 나왔습니다. 다양한 지역의 풍습 조사에 바탕
을 두고 그 자료를 심층 분석해서 각 민족 고유의 정신적·물질적
문화의 특성들을 정리하는 작업을 했지요. 그 흐름을 선도한 사
람이 영국의 제임스 프레이저(James George Frazer, 1854~1941)입니
다. 프레이저는 직접 탐험을 하지는 않았지만 전세계 신화를 비

교 분석하여 인류 정신이 공통적으로 활용하고 있는 사고의 심상을 조사했습니다. 그 노작의 결과가 『황금가지』입니다.

물론 제임스 프레이저의 연구를 현장 연구가 빠진 전설 수집물이라고만은 볼 수는 없습니다. 프레이저는 타문화 속으로 몸을 밀어넣어 본 적은 없었지만 대단한 수준의 박물학자로서 전세계의 여러 문화 현상을 문헌을 통해 자세히 조사했습니다. 이러한 분위기를 본격적으로 반전시킨 것이 폴란드 태생의 말리노프스키(Bronisław Kasper Malinowski, 1884~1942)입니다.

말리노프스키는 현지 탐사를 떠났다가 1차 세계대전 중에 의도치 않게 트로브리안드 제도(Trobriand Islands)에 발목이 묶이면서 비교적 오래 이(異)문화를 관찰할 수 있었습니다.양자오, 『슬픈 열대를 읽다: 레비-스트로스와 인류학을 공부하는 첫걸음』, 박민호 옮김, 유유, 2019 참고 그는 단지 관찰자에 머물지 않고 자신이 연구하려고 했던 부족 세계의 구성원이 되기까지 하면서 적극적으로 이문화의 내면을 탐사했습니다. 생생한 현장감을 강조하며 '실제'의 원주민이 '여기'에 있다는 것을 보여 주었죠. 덕분에 말리노프스키 이후에 인류학자들에게는 현장 연구가 필수가 되었습니다. 레비-스트로스가 1935년에 브라질로 떠날 무렵은 프랑스 인류학의 황금기여서 막대한 연구자금이 쏟아지고도 있었는데요. 현장 연구를 통한 실증이야말로 타문화를 이해하는 첫걸음이며 자료수집과 정리는 그다음 작업이 되어야 한다는 인식이 만연했었습니다. 그러나 레비-스트로스는 이 분위기에 어쩐지 위화감을 느끼면서 대서양을 건넜습니다.

　이것은 레비-스트로스가 발표한 『친족의 기본구조』를 보면 알 수 있습니다. 레비-스트로스가 인류학 선배들과는 전혀 다른 방법론을 제시하고 있기 때문입니다. 첫째, 이 책은 '특정 부족'의 친족관계를 연구한 것이 아닙니다. 말리노프스키처럼 특정한 장소의 고유한 관습을 정리하려는 시도가 아니었던 것이죠. 또한 프레이저처럼 여러 부족 전부의 친족 구성 방식을 같다고 말하고 있지도 않았습니다. 레비-스트로스는 개별 부족들 사이에서 작동하는 친족관계 형성 방식의 전의식적(前意識的) 논리 같은 것을 설명하려고 했습니다. 각 민족이 붙들고 사는 구체적인 사실도 아니고, 전 인류가 엉겨 붙어 있는 보편적인 공식도 아닌 것. 레비-스트로스는 각기 다른 표현형으로 드러날 수밖에 없는 민족들의 차이에 주목하면서도 그 차이를 작동시키는 사고의 심층에 주목했던 것입니다.

　인류학사에서 완전히 낯선 조류가 태동한 것이었지만 『친족의 기본구조』는 레비-스트로스에게 곧바로 꽃길을 펼쳐 주지는 않았습니다. 인류학자로서는 직장을 찾기가 어려웠습니다. 『슬픈 열대』는 이처럼 레비-스트로스가 취업 전선에 바쁘게 몸을 움직여도 부족한 시절에 문득 쓰였습니다. 게다가 그 내용은 인류학적 이력과는 아무런 상관이 없는 것이었지요. 인류학자가 쓴 남미 탐험기이기는 했지만 인류학적 사실 설명에 치중하고 있지는 않기 때문입니다. 레비-스트로스는 『슬픈 열대』의 마지막에 자신의 집필 기간을 밝힙니다. "1954년 10월 12일부터 1955년 3월 5일까지 집필하다."레비-스트로스, 『슬픈 열대』, 박옥줄 옮김, 한길사, 1998, 745쪽 실로 엄청난 속도로 쓴 것입니다. 쓰지 않을 수 없는 갈급함 때문에, 문득 쓰기로 한 뒤 순식간에 마칠 수 있었다는 것이지요. 레비-스트로스는 아카데미에 자신의 처지를 설명하기 위해서가 아니라, 20년간의 숙제를 풀 만한 자신이 생기자 『슬픈 열대』를 썼던 것이 아닐까요?

그의 숙제는 무엇이었을까요?* 그 실마리가 책의 첫 장에 나와 있습니다. 책을 펼치자마자 우리는 "나는 여행이란 것을 싫어하며, 또 탐험가들도 싫어한다"라는 문장과 만나게 되지요. 여행이 싫으면 안 가면 됩니다. 굳이 여행기를 썼다면 이런 문장은 불필요하지요. 사람들은 레비-스트로스가 말장난하기를 좋아하고, 자기만 아는 방식으로 독자에게 제대로 된 여행지 정보를 주기를 꺼린다며 비판했습니다.

그렇지만 『슬픈 열대』를 몇 페이지만 넘겨도 금방 알 수 있습니다. 레비-스트로스가 얼마나 낯선 세계에 대한 호기심과 미

---

* "처음에 나오는 면식이 없었던 장 말로리(Jean Malaurie)라는 사람이 제의를 해왔는데, 그는 '인간의 대지'라는 총서를 창간한 사람이었죠. 나의 여행담을 이야기한다는 아이디어는 내 자신이 떠올린 게 전혀 아니었어요. 하지만 내가 겪었던 과정으로 볼 때, 더이상 대학 교수가 될 희망이 없다고 확신하고 나니, 내 머리에 떠올랐던 모든 것들을 이야기해 보자는 계획이 생겨났어요. 결국 시간이 흘러감에 따라 나는 이전의 여행을 판단해 보기 위해 필요한 어느 정도의 거리를 두게 되었습니다. 그건 일종의 탐사 일기를 작성하는 일은 아니었지요. 난 이전의 탐사들을 재검토하고, 또한 그러한 탐사들에 대해 반성하고, 사색하고, 종합 평가를 해보아야 했어요."(레비-스트로스의 말: 레비-스트로스·디디에 에리봉 대담, 『가까이 그리고 멀리서: 클로드 레비-스트로스 회고록』, 송태현 옮김, 강, 2003, 96쪽)

지의 것에 대한 열의로 가득 찬 사람인지를요. 그러니까 레비-스트로스는 특정한 방식의 어떤 '여행'을 거부하면서 저 먼 남아메리카를 다녀왔고, 그런 여행을 한 사람들이 남기는 여행기와는 다른 글을 쓰고 싶었던 것이라고 해야 합니다. 그렇게 생각하고 "나는 여행이란 것을 싫어하며, 또 탐험가들도 싫어한다"부터 천천히 읽어 가면 레비-스트로스가 붙들고 있던 고민의 지점을 발견할 수 있습니다.

나는 여행이란 것을 싫어하며, 또 탐험가들도 싫어한다. 그러면서도 지금 나는 나의 여행기를 쓸 준비를 하고 있다. 내가 이 일을 결심하기까지는 꽤 오랜 시간이 걸려야 했다. 마지막으로 내가 브라질을 떠나온 지도 벌써 15년이나 지났으며, 그동안 내내 이 책을 써 볼 생각을 수없이 해왔다. 그러나 그때마다 부끄러움과 혐오감이 앞서서 그만두고는 하였다. 무엇 때문에 그 시시하고 무미건조한 사실이며 사건들을 상세히 서술해야 한단 말인가. 레비-스트로스, 『슬픈 열대』 105쪽

여기서 우리는 장장 20년 동안 레비-스트로스를 괴롭힌 그 '여행'이 부끄러움과 혐오감, 시시함과 무미건조함을 수반한 것이었음을 알 수 있습니다. 이 20년은 그것들이 얼마나 지독하고 극복하기 어려운 것이었는지도 짐작하게 해줍니다. 그런데 한편으로 부끄러움과 혐오가 시시함과 무미건조함이라는 단어와 연

결된다는 사실이 눈길을 끕니다. 레비-스트로스는 무엇을 부끄럽고 혐오스럽다고 본 것이며 그것은 왜 시시하고 무미건조했던 것일까요? 『슬픈 열대』는 바로 이 모순된 감정들을 해소하면서 쓰인 책이었습니다. 이 감정들의 극복은 레비-스트로스에게는 자신의 학문 경력 이상으로 중요했던 것입니다.

레비-스트로스는 뭔가를 일목요연하게 정리하고, 사건의 정황을 만드는 근본적인 인식의 틀을 만드는 것을 좋아하지는 않았던 것 같습니다. 그래서 『슬픈 열대』를 통해 정확하게 그의 여행관을 추려 내는 것은 어렵습니다. 그렇지만 그가 싫어하는 여행은 비교적 선명하게 나옵니다.

먼저 그는 1부 1장을 들어가면서 모든 여행은 낯선 세계를 찾으러 떠나는 모험이라는 점을 분명히 밝힙니다. 그러한 목적을 수행하기 위해서는 크게 두 개의 여행법이 있다고 합니다. 먼저 '탐험'입니다. 이 여행법은 레비-스트로스를 비롯한 당대 인류학자들이 선택해 마땅한 것이었죠. 학술보고를 위한 오지-탐험 여행입니다. 이 여행의 특징은 숱한 노력과 끝도 없는 낭비입니다. 유럽의 인류학자는 아마존의 열대 우림 깊숙한 곳에 사는 여러 부족을 만나기 위해 얼마나 먼 거리를 무거운 장비를 지고 들어가야 할까요? 완전히 다른 풍토가 압도하는 생존의 공포와 결코 익숙해질 수 없는 풍습을 통과하기란 만만치 않은 일일 것입니다.

그럼에도 이 탐험에서 얻은 결과란 미천하기 그지없을 때가 많습니다. 먼 부족의 알려지지 않은 신화나 낯선 결혼제도, 다양한 토테미즘적 관습들에 대한 몇 개의 소개가 전부이기가 쉽지요. 게다가 그 각각의 물건들이 갖는 의미를 재구성하는 것은 거의 불가능에 가깝습니다. 그들의 문화에 완전히 동화되지 않는 이상 말입니다. 혹은 그것들이 이해된다고 해도 낡은 습속의 흔적처럼 보이기가 쉽습니다. 그래서 레비-스트로스는 인류학자의 탐구가 겨우 지금 이 문명의 초기 단계의 확인에 불과한 것이어야 하냐며 한탄합니다.

또 하나의 여행은 단순한 이국 '유람'입니다. 1, 2차 세계대전 사이에 꽤 적극적인 세계여행 열풍이 불었습니다. 유럽 사람들은 아프리카며 티베트 그리고 아마존 등을 예전과는 달리 힘들이지 않고 다녀올 수 있었습니다. 가볍게 이국의 정취를 즐기고 돌아온 사람들은 소위 '미개인'들을 찍은 사진과 그들의 공예품을 전시하거나 책으로 편집해서 출간했는데요. 그러한 외국 여행서들이 큰 인기를 끌었습니다. 레비-스트로스는 이런 책들을 '낡은 정보의 나부랭이'라고 합니다. 그것들은 불쾌했어요. 이런 책자들은 타자들을 비루하고 못사는 사람들로 바라보면서 동정을 쏟아붓고 있었기 때문입니다. 그런 자료들은 찍은 사람들이 얼마나 편견에 차 있는지를 더 잘 보여 주고 있었습니다.

공간적으로 보면 인류학자에게 탐험 여행의 목적은 문명의 세파에 시달리지 않은 부족을 찾아 인류의 과거를 탐험하는 것입니다. 반면 유람객들은 관광 여행을 통해 자신들의 일상에서는 좀처럼 접하기 어려운 낯선 풍속을 맛보려고 했습니다. 레비-스트로스는 탐험과 관광 모두를 시시하게 느꼈습니다. 왜냐하면 둘 모두 지금 내가 갖고 있는 이 시선에서부터 외부 대상을 바라본다는 점에서, 내 기준으로 이미 판단된 세상을 돌아다닌다는 점에서, 굳이 떠날 필요도 없어 보이는 무용한 경험이었기 때문입니다.

호모사피엔스의 기원을 추적하는 고고학자들에게는 큰 딜레마가 있다고 합니다. 인류의 기원을 추적하고 싶지만 몇만 년 전을 살아볼 수 없는 바에야 인류의 원 모습을 재구성한다는 것은 사실 불가능하니까요. 고고학자들은 현생 인류와 가장 가까운 형태를 가진 인류를 찾아 아프리카로 떠납니다. 직립 보행의 흔적 같은 것 말입니다. 고고학자들은 역사의 흔적들 속에서 지금과 가장 유사한 것들을 발견하려고 하니까, 결국 그들이 연구하게 되는 것은 '지금 인류'가 됩니다. 레비-스트로스가 지적하는 바도 이 점입니다. **우리는 어째서 늘 우리가 믿고 있는 것, 보고 있는 것을 확인하려고만 드는가!**

일상이 피곤해서 저 바깥을 돌아다니는 유럽인들도 마찬가지이지요. 그들이 발견하고 싶은 것은 '유럽은 아닌 것'이라는 점에서 이들도 '유럽'이라는 기준을 갖고 세계를 돌아다닌다고 할 수 있습니다. 결국 고고학자나 현대의 이국 여행객들에게는 지금 그들이 살아가는 방식 자체가 바깥을 보는 척도로 작용합니다. 레비-스트로스는 오만하기 짝이 없는 이들 탐험-관광객들이 참으로 딱해 보였습니다. 그래서 1부에서 이런 자기중심적인 '탐험가+유람가'의 형상을 브라질 상파울루 대학의 창립자이자 자신의 은사였던 조르주 뒤마를 통해 아주 확실하게 보여 줍니다.

조르주 뒤마(Georges Dumas, 1866~1946)는 프랑스에서 심리학을 연 의사로서 큰 지적 입지를 차지한 인물이었습니다. 그는 정상적인 인간이나 병리적인 인간이나 그 정신구조는 기본적으로 동일하다는 입장에서 연구를 펼쳤다고 합니다. 레비-스트로스는 조르주 뒤마가 막 『심리학 개론』을 써서 유명해질 무렵 그의 제자였습니다. 이 뒤마 선생님 덕분에 레비-스트로스는 브라질로 떠날 수 있었지요. 왜냐하면 조르주 뒤마가 상파울루 대학의 설립자여서 제자들에게 새로운 취업 기회를 알선했기 때문입니다. 파리의 심리학 교수가 왜 브라질까지 가서 대학을 만들었을까요? 레비-스트로스의 설명에 따르면, 뒤마는 상파울루 대학을 "19세기 심리학이 열어놓은 과학적 전망에 흥분하고 감동하여 신대륙의 정신적 정복을 향해 나서던"『슬픈 열대』 111쪽 마음으로 설립했다고 합니다. 정상인과 비정상인 심리 구조의 동일함을 연구하던 뒤마 선생님은 문명인과 야만인의 정신 또한 똑같은 구조로 이루어져 있을 것이라고 보았던 것이죠.

레비-스트로스가 『슬픈 열대』 첫 장에서 조르주 뒤마 선생님을 언급한 것은 사소해 보이지 않습니다. 꼭 조르주 뒤마로부터 심리학 수업을 들어서가 아닙니다. 레비-스트로스도 인류 정신의 활동 방식에 인종적 차이는 없다고 보았습니다. 그런데 레비-스트로스는 스승의 학문적 업적을 찬양하기 위해 뒤마 선생님을 소환한 것은 아니었습니다. 오히려 비판하기 위해서였죠. 왜냐하면 조르주 뒤마는 유럽과 남아메리카, 구대륙과 신대륙 사이를 '잇기 위해' 상파울루 대학을 설립한 것이 아니었기 때문입니다. 레비-스트로스가 보기에 브라질에 대한 조르주 뒤마의 애착은 식민화된 이후 브라질 사회에 유럽인인 자신의 감수성을 투사한 결과에 지나지 않았습니다. 조르주 뒤마가 생각한 '인류'는 유럽인에 불과했기 때문입니다.

조르주 뒤마는 남프랑스 신교도 가계 출신이며, 신대륙을 정복한 지 400년의 세월이 흐른 결과 그곳에서 느릿느릿 세련되고 퇴폐적인 생활만을 이어온 브라질 중산계급의 유럽적 취향과 잘 맞는 사람이었습니다. 뒤마가 발견하고자 한 신대륙은 정복자의 시선으로 이미 의미화된 공간이었지요. 이 긴 세월 동안 남아메리카는 식민지 개척자의 거친 손길에 의해 상당 부분 훼손되어 원래 모습을 잃어버렸을 뿐만 아니라, 그 과정에서 끊임없이 식민주의적인 자기 부정을 경험해야 했습니다.

뒤마가 반색을 한 브라질이란 이미 자본주의에 침윤되어 토착의 풍습이 쓸려나가고 있던 땅이었습니다. 소위 지주-자본가들은 상파울루 대학을 유럽식 자본주의를 소개해 줄 사상들의 도매점으로 보고 있었으며, 그곳 학생들 상당수 역시 그런 지식 도매상이 되기 위해 애쓰고 있었지요. 레비-스트로스는 상파울루에 가게 되면 옷차림에 신경 쓰라는 뒤마 선생님의 말을 환멸에 가까운 어조로 회상하며 여행기의 첫 장을 다음과 같이 마무리합니다.

> 시멘트에 묻힌 폴리네시아 섬들은 남쪽 바다 깊이 닻을 내린 항공모함으로 그 모습을 바꾸고, 아시아 전체가 병든 지대의 모습을 띠게 되고, 판잣집 거리가 아프리카를 침식해 들어가고, 아메리카·멜라네시아의 천진난만한 숲들은 그 처녀성을 짓밟히기도 전에, 공중에 나는 상업용·군사용 비행기로 인해 하늘로부터 오염당하고 있는 오늘날, 여행을 통한 도피라는 것도 우리 존재의 역사상 가장 불행한 모습과 우리를 대면하게 만들기밖에 더하겠는가? 이 거대한 서구문명이 지금 우리들이 누리고 있는 기적을 낳기는 했으나, 부작용이 안 생기도록 만드는 데는 분명히 성공하지 못했다. 알려지지 않았던 복잡한 구조로 만들어 낸 서양문명 최대의 고명한 작품인 원자로의 경우처럼, 서구의 질서와 조화는 이 지구를 오염시키고 있는 막대한 양의 해로운 부산물의 제거를 필요로 하고 있다. 여행이여, 이제 그대가 우리에게 맨 먼저 보여 주는 것은 바로 인류의 면전에 내던져진 우리 자신의 오물이다.『슬픈 열대』
> 139~140쪽

그런데 여기서 한 가지 궁금한 점이 듭니다. 사실 어떤 존재도 자기 인식의 한계를 갖습니다. 거미는 거미의 감각으로 세계를 바라보고 고양이는 고양이의 감각으로 세계를 경험합니다.

마투라나와 바렐라가 설명하고 있듯이 인간 역시 인간 지각의 한계로부터 결코 자유로울 수 없습니다.움베르토 마투라나·프란시스코 바렐라, 『앎의 나무』, 최호영 옮김, 갈무리, 2007 참고 이들은 객관적 관점 같은 것은 있을 수 없다고 하지요.

프란스 드 발이라는 진화인지 영장류학자도 같은 이야기를 합니다. 프란스 드 발은 '움벨트'(Umwelt)라는 개념을 가지고 이 문제에 접근합니다.프란스 드 발, 『동물의 생각에 관한 생각』, 이충호 옮김, 세종, 2017 참고 움벨트는 주관적 경험 양식인데요. 주체와 환경이 서로를 공생산하는 관계라고 생각해 볼 수 있습니다. 하나의 저수지 안에는 개구리의 움벨트, 송사리의 움벨트, 버드나무의 움벨트가 각각 따로 있어서 그 환경으로부터의 접속면이 다른 삶을 영위하게 되지요. 그렇게 하나의 시공간 안에는 종마다 다른 수많은 경험이 매번 다르게 작동을 개시합니다. 그러니 프란스 드 발에 따르면 어떤 존재도 자기 인식의 한계를 벗어날 수는 없습니다. 거미가 거미가 아닌 방식으로 세계와 관계 맺는 것은 불가능하다는 뜻이지요. 거미는 절대로 개구리의 세계를 느낄 수도 이해할 수도 없습니다.

그렇다면 한번 생각해 보겠습니다. 자기중심적인 유럽 사람들이 편협하다고는 하지만 레비-스트로스 역시 유럽인이며 그가 남아메리카로 떠나기 전에 받은 교육 전부는 유럽 철학사의 전통 아래 있는 것이었습니다. 아무리 그가 전통에 반하는 태도로 공부했다고 해도 그런 이단적 연구를 가능하게 한 것이 바로 그 전통입니다. 레비-스트로스의 딜레마는 바로 이것이었습니다. 유럽이 전부라고 믿는 자신의 스승과 동료들보다 자신의 시선이 더 올바르다고 할 수 있는가? 레비-스트로스는 긴 여행의 도중에, 자신이 이 속물적 유럽 유람단에 소속되어 있었기에 열대를 그토록 열망했다는 사실을 알게 됩니다.

우리가 낯선 여행지에서 바라보게 되는 것은 늘 나 자신의 모습입니다. 레비-스트로스가 뒤마 선생님에게서 보았던 그 불쾌와 혐오는 결국 자신의 것이었습니다. 그럼 우주 어디를 돌아다녀도 자기가 보고 싶은 것만 보고 다니는 이 어리석음으로부터 빠져나갈 길은 없는 것일까요?

2. 전체주의의 시대경험

타자란 결국 '내 관점에 의해 생산된 다른 자'입니다. 그런데 레비-스트로스가 타자의 문제를 그저 우리 각자가 가질 수밖에 없는 인식의 한계쯤으로 생각할 수가 없던 까닭이 있습니다. 그것이 바로 1940년부터 1945년 사이에 유럽에 불어닥친 전체주의의 광풍입니다. 1부 2장에서 레비-스트로스는 아메리카로의 두번째 여행에 대해 언급합니다. 1941년에 그가 배로 대서양을 넘어가는 과정에 대한 이야기이죠. 선상에서는 과연 어떤 일이 있었을까요?

　레비-스트로스의 두번째 대서양 횡단은 유럽 탈출을 위해서였습니다. 나치 독일과 협정을 맺은 프랑스에서는 비시(Vichy) 정부제1차 세계대전 중 친독일파 영웅 페탱을 원수로 하여 오베르뉴의 온천도시 비시에 수립된 프랑스의 친독일정부가 들어섰고 친독 정책이 전면화되었습니다. 다시 말해 유색인 색출과 자민족중심주의의 확산입니다. 유대인이었던 레비-스트로스는 미국의 인류학자 로버트 로위와 알프레드 메트로의 후원으로 뉴욕의 사회연구 뉴스쿨(New School for Social Research)의 초청을 받았는데 이는 모두 그를 미국으로 탈출시키기 위한 계획이었습니다. 그러나 급박한 정세 변화 속에서 비시 정부는 레비-스트로스의 출항을 허락하지 않았습니다.

실망한 레비-스트로스는 세벤(Cévennes)으로 내려왔는데요, 근처의 마르세유에서 곧 마르티니크(Martinique)카리브해의 소도시로 떠나는 배가 있다는 소식을 듣게 됩니다. 그 배는 과거 그가 남미로 떠날 때 이용했던 선박이기도 했습니다. 마르티니크는 프랑스령 식민지이니까 레비-스트로스가 카리브해까지 건너가는 것은 공식적으로 불법은 아닙니다. 그러나 도항에 따른 허락을 당국으로부터 받아내는 것은 쉬운 일이 아니었습니다. 당국은 레비-스트로스의 도항을 석연치 않게 생각해서 그가 표를 끊고 승선하는 와중에도 가족이나 친지와의 접촉을 막는 등 방해를 계속했습니다.

당국의 방해보다 레비-스트로스의 마음을 아프게 한 것은 따로 있었습니다. 처음 브라질에 건너갈 때 그의 신분은 상파울루 대학 사회학과 교수였고 사회적 지위는 프랑스 문화를 남미에 알리는 문화 외교관이었습니다. 그런데 이제는 박해받고 쫓겨가는 신세입니다. 유럽의 타자들을 연구하려고 떠났던 전도유망한 청년학도는 이제, 헌병들의 표현에 따르면 '천민'이 되었습니다. 유럽의 인종주의자들이 보기에 레비-스트로스야말로 유럽의 타자인 것이죠.

레비-스트로스는 자신이 수용소의 포로라는 것을 잘 알았습니다. 그가 타고 간 배는 끔찍했어요. 모두 합쳐서 선실이 두 개에 침대는 일곱 개밖에 없는 작은 증기선에 무려 350명이나 탔던 것입니다. 3명의 부인이 선실 하나를 쓰고, 나머지 하나는 레비-스트로스를 포함한 4명의 남자가 썼습니다. 남은 모든 사람들은 남자 여자 아이 가릴 것 없이 어둡고 공기도 탁한 배의 밑창에 들어가서 한 달 동안 여행을 해야 했습니다. 배에서는 몸을 씻고 용변을 보는 데 쓸 수 있는 물이 부족했는데, 결국 남녀노소 누구 할 것 없이 온갖 오물 냄새로 뒤덮이게 되었습니다. 배에서 내려 샤워를 할 수만 있다면 남편쯤이야 얼마든지 배신할 수 있는 부인들까지도 생겼습니다. 오수와 오줌, 찐득한 바다 냄새로 서로가 더럽다 경멸하면서도 배에서 내릴 수는 없는 처지에서 이어진 항해는 끔찍했을 것입니다.

굴욕은 여기서 그치지 않았습니다. 이들은 도착한 항구 마르티니크에서 노골적인 욕설과 모욕을 들어가며 육지의 수용소에 다시 갇히고 말았습니다. 프랑스령이라고는 하나 유럽과 멀리 떨어져 있던 탓에 정세에 둔감했던 식민지 사람들은, 프랑스를 떠나온 이들을 비시 정부의 협력자로 보고 적대시하면서 나라를 버린 배덕자라고 욕했습니다. 그런데 이들은 뒤로는 비시 정부에 협력하기 위한 방편을 찾았습니다. 나치 독일이라는 추상적 적을 상대해야 했던 그들은 눈앞에 실제로 나타난 이주자들 앞에서 갈피를 잡지 못했습니다. 그리고 그 과정에서 다양한 방식으로 인종차별을 행사했습니다.

레비-스트로스는 대놓고 모욕적인 상황에 처하지는 않았습니다. 과거에 자신을 브라질로 데려다주었던 항해사들은 한때의 프랑스 문화 대사에게 어떻게든 제대로 된 대접을 해주어야 한다고 생각했기 때문입니다. 마르티니크에 도착해서는 볼테르(Voltaire, 1694~1778)나 아나톨 프랑스(Anatole France, 1844~1924)의 나라에서 온 그의 손을 꼭 잡으며 환대해 주는 사람들도 있었습니다. 그런데 다른 문제가 생겼습니다. 최종적으로는 미국의 사회연구 뉴스쿨에 가서 인류학 연구를 계속하려고 했기 때문에 그의 가방에는 브라질 부족들에 대한 연구자료가 있었고 그 중에는 독일어로 된 참고문헌도 들어 있었습니다. 유럽으로 완전히 돌아오지 못할 수도 있다고 생각했기 때문에 자료들은 레비-스트로스의 전 재산이나 다름없었습니다. 하지만 그 자료는 누가 보면 완전히 스파이 문건이나 다름없었습니다.

배의 선실에서 우아하게 대서양을 건널 수 있었던 것은 레비-스트로스가 이(異)문화를 연구한 학자였기 때문입니다. 하지만 그렇게 경계 위에 있다는 이유로 프랑스도 독일도 그의 정체성을 의심했습니다. 레비-스트로스는 프랑스인이라는 것을 증명하기 위해 당국자들 비위를 맞추기도 하고, 미국의 친구들에게 신원보증을 요청하기도 하는 등 각고의 노력을 해가며 겨우 뉴욕항에 도착할 수 있었습니다.

레비-스트로스가 묘사한 선상은 수용소의 축소판입니다. 포르투갈의 소설가 주제 사라마구(José Saramago, 1922~2010)의 소설 『눈먼 자들의 도시』에는 모두가 눈이 머는 상황에서 수용소에 들어가게 된 사람들이 자신의 똥오줌을 밟고 돌아다니며 그위에서 잠도 자는 장면이 나옵니다. 그 안에서 남편은 아내가 보는 앞에서 간음을 하고, 누군가는 제 배를 채우기 위해 타인의 배를 찌릅니다. 살아가는 데에는 어떤 윤리도 필요 없고, 타인은 오직 내 생존에 필요한 도구가 됩니다. 주제 사라마구는 이러한 세계관이 작동하는 곳은 어디나 수용소라고 말한 것이죠. 레비-스트로스도 문명이 증발하고 인간성이 다 망가진 상황을 수용소의 비유로 설명합니다.

그런데 레비-스트로스의 글에는 뭔가 이상한 점이 있습니다. 레비-스트로스가 나치즘에 대해 특별히 비판을 하지 않기 때문입니다. 그 자신이 창문도 열 수 있는 선실에 있었기 때문일까요? 그렇게 생각할 수는 없겠지요. 스파이 혐의를 벗기 위해 레비-스트로스가 치러야 했던 곤욕도 수치스러운 선실 이상으로 끔찍한 공포였을 것입니다.

레비-스트로스는 왜 따로 나치즘을 언급하지 않았을까요? 나치즘을 '틀렸다'라고 말하는 것은 쉽습니다. 문제는 그다음입니다. 나치즘을 '틀렸다'라고 말할 수 있는 근거는 어디에 있습니까? 절대적으로 선한 인간의 어떤 조건을 상정할 수 있는 '인간'이 있을 수 있을까요? 있을 수 있다면 신뿐입니다.

레비-스트로스는 이런 비판 방식을 선택할 수 없었습니다. 왜냐하면 '그것'을 틀렸다라고 말하기 위해서는 먼저 '그것'이 역사 속에서 규정가능한, 확실한 '어떤 것'이라고 볼 수 있어야 합니다. 그다음 비판하는 자신을 신의 자리에 올려놓아야 합니다. 거기까지 진행된 작업은 어떤 행동을 따라나오게 할까요? 틀렸으니 절대적으로 부정해야겠지요. 틀린 것, 있어서는 안 될 것, 그런 것들은 선의 왕국에서 없어져야 합니다. 그런데 바로 이것이 전체주의의 논리입니다. 불결한 유대인들, 있어서는 안 될 불순한 비독일적인 가치들은 없어져야 해! 이런 편집증적 강박이 홀로코스트의 논리적 근거이지 않았습니까?

레비-스트로스는 더도 덜도 없는 평정심으로 수용소를 언급합니다. 2차 세계대전은 종식되었죠. 나치즘은 공식적으로는 단죄되었습니다. 그렇지만 레비-스트로스가 역사의 뒤안길에서 여유로워 그렇게 편안하게 쓸 수 있었던 것은 아닙니다. 그가 『슬픈 열대』를 썼던 1950년대 중반은 본격적으로 냉전 체제가 입을 벌리기 시작했던 때입니다. 미국과 소련을 기축으로 세계는 극렬한 이분법적 대결 구도 속에서 서로가 서로에게 손가락질을 시작했습니다. 실로 "세계 도처의 공기는 무거워져 가고" 있었습니다.『슬픈 열대』 137쪽

모든 문화는 자기 문화를 기준으로 타문화를 '다르다'고 평가합니다. 그렇지만 그런 '자기'야말로 '다른 것들'을 찾아내는 과정에서 구성되는 것입니다. 우리가 옳고 그르다고 보는 모든 것은 어쩌면 인간의 이러저러한 욕망에 따라 제 모습을 취하고 있는 것이 아닐까요? 이것이 1부 1장 '출발'의 주제입니다. 2장은

이 문제를 보다 더 파고 들어간다고 할 수 있습니다. 자아와 타자란 구성적 이분법에 의해서 생산되는 개념입니다. 내가 동일시하고 있었던 그 '자아상' 안에는 이미 내가 부정했던 '타자상'이 들어 있습니다.

따져 볼까요? '미국'은 어디에 있는 것일까요? '나치즘'은 어디에 있는 것일까요? 그런 것들은 만질 수 있는 무엇이 아닙니다. 추상적 관념이지요. 여기서 레비-스트로스는 그저 관념에 불과한 상상에 인간이 휘둘린다는 것을 문제삼으려 하지는 않습니다. 그는 분명 어떤 문명도 그 외부, 자신의 바깥을 설정하지 않을 수 없음을 이해했습니다. 인간은 어떤 조건에 놓이냐에 따라 '그 문화'에 속하기도 하고, '그 문화의 바깥'에 놓이기도 합니다. 다르게 말하면 인간에게 부여된 문화적 정체성이라는 것은 자의적이고 조건적인 것입니다. 프랑스인, 유대인, 마르티니크인처럼 변치 않는 정체성 같은 것은 있을 수 없습니다.

레비-스트로스는 홀로코스트를 어리석은 독일인들의 실수라든가 유럽 문명의 파행으로 보지 않습니다. 나중에 더 살펴보게 되겠지만, 레비-스트로스가 보기에 반유대주의와 같은 방식으로 자타의 살인적 배타성을 강화하는 문화 현상은 인류의 모든 문명에 내포되어 있는 잠재적 위험입니다. 문제는 이 위험으로부터 벗어날 길을 어떻게 찾느냐입니다.

'인간은 타자를 통해 자기를 구성한다. 그런데 그 구성 방법에 어떤 문제가 있기에 찾아낸 타자에 대한 극도의 경멸로 자기

다움을 유지하게 되는 것일까?' 20년간의 침묵이었습니다. 그런데 그 긴 시간 동안 레비-스트로스는 바로 이 물음에 답하고 있었습니다. 마침내 답을 구하게 되자 쓸 수 있었겠지요. 인류학적 보고서가 아니라, 타자와의 관계에 대한 자신의 철학을 정리한 『슬픈 열대』라는 책을 말입니다.

3. 부끄러움과 혐오를 넘어서

레비-스트로스는 타자와의 관계 맺음에 게으르고 편협한 태도를 '타락한 상태'라고 보았습니다. 어떤 문명도 자기 문화의 바깥에 대한 혐오와 배제를 품기 마련입니다. 그럼 뭐가 문제일까요? 레비-스트로스는 그러한 혐오와 배제 이전에 작동시켜야 할 사유의 노력을 강조합니다.

유럽에서 출발한 근대 문명은 타자를 '야만'이라며, 유럽이 극복했다고 가정하는 어떤 원시 상태를 갖고 규정했습니다. 그런데 역사를 통틀어 보면 실로 수많은 타자 규정이 있었음을 알 수 있습니다. 레비-스트로스가 관찰한 열대만 해도 그렇지요. 그들에게는 타자가 복수적으로 존재했습니다. 고대의 여행자들도 미지를 찾아 나서곤 했지요. 그들은 미지의 풍물이 자신들의 무미건조한 정신에 독특한 양념을 가미해 줄 것을 기대했습니다. 타문화는 '우리' 문화의 빵빵해질 대로 빵빵해진 고집스러운 취향과 이기적인 태도에 구멍을 내주고 새로운 공기를 불어넣어 줍니다. 그래서 사람들은 외국에서 어쩌다 구해 온, 자신들의 일상에는 별로 필요도 없는 붉은색 염료라든가, 입에도 잘 맞지 않는 향신료 등을 귀하게 여기고 맛보며 기뻐했습니다. '세상에는 참으로 다양한 타자들이 존재한다!'라는 점을 상기하는 태도야말로 세련되고 고급한 문화가 자랑하는 감각입니다. 이들은 세상 어디에서든 자기 같은 것만 보려는 태도를 수준 낮다며 낮추어 보았을 겁니다.

그들은 어떻게 그토록 다양한 타자들을 향해 자신을 열면서 문화를 만들어 나갈 수 있는 것일까요? 레비-스트로스는 1부 4장의 제목을 '힘의 탐구'라고 합니다. 해답은 물리학에 있다는 것일까요?^^ 그건 아니고요. 『슬픈 열대』는 유럽 근대문명을 비판하다가 갑자기 북아메리카 원시 부족들 사이에서 지금도 이어지고 있는 통과의례를 이야기합니다. 많은 북아메리카 부족들 사이에서 개인의 사회적 지위는 그가 사춘기 때에 어떤 통과의례를 겪었는가에 따라 결정됩니다. 통과의례는 모두 마을 밖에서 이루어집니다. 먹을 것 없이 혼자 뗏목을 타고 강을 따라 내려가기, 맹수와 추위를 견디며 비를 맞고 산 속으로 들어가기, 몇 달씩 금식하기, 얼음처럼 차가운 물에 몸을 담그기, 스스로 손가락을 한 개 또는 여러 개 절단하기, 등 근육 밑에 엄청난 무게의 짐을 진 뒤 건막(腱膜)을 찢기, 자기 몸의 털을 다 뽑기 등. 아, 정말 끔찍하고도 가혹하군요. 젊은이들은 이런 아무런 보상도 주어지지 않는 극도의 고행을 스스로에게 부여하며 자기 기력을 소진시킨다고 합니다.

부족민들이 젊은이에게 원한 것은 무엇일까요? 마을의 어른들은 청년들이 무시무시한 통과의례를 거치면서 초자연 세계와 대화를 해야 한다고 생각했습니다. 고통과 기도가 절정에 달해서 마음이 사로잡히면 어떤 마법의 동물이 모습을 드러낸다고 하지요. 그러한 환각 속에서 비로소 수호신이 나타나는데요, 그것이 그때 젊은이들 각자에게 제 역량에 맞는 힘을 부여한다는 것입니다. 부족의 청년들은 이 같은 극도의 자기 포기를 통해 우주에 존재하는 '힘' 하나를 얻게 되는 거예요. 즉 이들의 통과의례는 자기가 수용할 수 있는 우주적 힘을 탐구하고, 받아들이는 시험입니다.

어른이 되기 위해서는 왜, 자기 문화를 꾸리고 이어 나가는 주체가 되기 위해서는 왜, 마을 바깥에서 극도의 고통을 경험해야 할까요? 그것은 그 '바깥'이 즉 야생의 자연이 문화가 출현하는 원초적 힘들의 대양(大洋)이기 때문입니다. 레비-스트로스는 부족민들의 믿음을 다음과 같이 정리합니다. 풍속의 저 너머까지 가 본 자만이 관습의 규범에 구속됨 없이, 관습이라는 것이 왜 존재하고 누구를 위해 필요한 것인지를 놓침 없이, 일상의 규칙들을 만들고 헤치며 살아갈 수 있다고요. 바깥에는 마을로 들어오지 못하는 것들이 가득하겠지요. 내가 뿌리내리고 있는 그 집단의 바깥에 무엇이 있는지를 의식하면서, 그 바깥의 존재들과 자신이 근원적으로 다르지 않음을 통찰한 자만이 어엿한 어른으로 문화 속에서 살아갈 수 있습니다. 문득 찾아온 환각의 수호신은 '내가 어디서 왔는가, 내가 일구어야 할 터전의 근원에는 무엇이 있는가?' 이런 개인적인 반성의 끝에서 얻게 되는 깨달음이나 계시 같은 것이겠지요.『슬픈 열대』 143쪽

우리가 여행을 떠나는 이유는 미지에 대한 호기심 때문입니다. 아폴로 11호를 조종하면서, 닐 암스트롱과 버즈 올드린과 함께 달에 간 우주인 마이클 콜린스는 자신의 여행기『플라이 투 더 문』마이클 콜린스, 최상구 외 옮김, 뜨인돌, 2019에서 미지에 이르고 싶은 자신을 거의 순교자로 그립니다. 지구의 그 누구도 가 보지 못한 곳인, 참으로 미지일 지구의 바깥까지 나아가고 싶다! 그런데 그 바깥에서 콜린스의 마음에 들어온 것은 바로 지구였습니다. 우주로 나간 인간에게 지구가 아름다워 보이는 이유는 단 하나이겠지요. 바로 그곳으로부터 생명이 나왔다는 사실입니다.

미지를 향한 인류의 꿈이란 단지, "얏호! 이제 몰랐던 것을 알게 됐어!" 하는 환호성을 내지르기 위함은 아니겠지요. 생의 근원적 힘을 새롭게 통찰할 기회를 얻기 위해서일 것입니다. 레비-스트로스는 본격적으로 여행기를 쓰기에 앞서, 원시 부족의 통과의례를 언급하며 자신 또한 여행을 통해 삶의 근원에 이르고자 했음을 강조합니다. 그러니 펼쳐질 『슬픈 열대』에는 아마 열대 자체에 대한 상세한 설명보다는 레비-스트로스 자신이 이 미지에 가닿기 위해 들이는 노력과 고난이 들어 있지 않을까요?

제2부

지질학의 문체로 쓴 여행기

1. 해석의 변증법에 반대하며

1935년, 편협한 유럽중심주의에 지친 레비-스트로스는 유럽의 '바깥'을 기대하며 남아메리카 브라질로 떠났습니다. 그러나 어디에도 '바깥'은 없었습니다. 남미에 도착하자마자 알 수 있었지요. 아무리 '바깥'을 찾으려고 해도 그의 눈은 익숙한 풍경, 길든 관념밖에는 찾아낼 수 없었기 때문입니다. 유럽에는 없는 대로와 자동차, 유럽에는 없는 거칠고 투박한 살림살이와 먹을거리 등. 낯선 풍경 속에서 작동하는 것은 여전히 '유럽'이라는 척도였습니다. 열대로부터 돌아와서 그는 자기라는 관점 바깥으로 나가기가 극도로 어렵다는 점을 절감했습니다. 또한 자기와 타자를 가르는 구분선이라는 것이 결정적인 것도 아님을 이해할 수 있었습니다. 이런 통찰을 거듭해 가며 그는 독특한 인류학적 시선 하나를 개발해 갔습니다.

이제 본론으로 들어가 보겠습니다. 『슬픈 열대』는 전체는 9부로 구성되어 있고 세부 제목은 다음과 같습니다.

1부 여행의 마감 : 출발, 선상에서, 서인도 제도, 힘의 탐구

제2부_지질학의 문체로 쓴 여행기

깜짝 놀라셨죠? 자세히 들여다보면 열대에 대한 탐구는 책의 5부부터 8부까지에 불과하니까요. 열대 우림의 세부를 감싸안는 1부부터 4부가 있고, 마지막 9부는 아예 열대 이야기도 아닙니다.

세부로 들어가 보겠습니다. 앞에서 우리가 살펴보았듯이 1부는 1935년 레비-스트로스가 브라질 상파울루 대학의 사회학 교수로 떠나기 직전 파리의 지식인들이 브라질을 어떻게 생각하는지를 설명하는 것에서 시작하는데요, 그러면서 2차 세계대전 중에 프랑스가 독일에 점령을 당한 뒤 유대인이었던 그가 마르세유에서 뉴욕까지 얼마나 위험하게 바다를 건너게 되는지를 다룹니다.

2부는 시간을 훨씬 더 앞으로 돌립니다. 여기서는 그가 1934년에 남아메리카 브라질 상파울루 대학의 사회학과 교수로 부임하게 되는 과정이 나옵니다. 그리고 2부의 6장 '나는 어떻게 하여 민족학자가 되었는가'에서는 아예 자신의 더 먼 이력으로 돌아가 청년 시절의 학업 과정을 떠올리면서 자신이 어떻게 철학과나 법학과에 적을 둘 수 없었는지를 설명합니다.

이처럼 『슬픈 열대』의 도입부 몇 장을 읽었을 뿐인데도 우리는 레비-스트로스가 언제 어디서 무엇을 하고 있었는지 정확히 감을 잡기가 어렵고 열대 이야기는 또 언제부터 나올지 짐작할 수가 없습니다. 구체적으로 말하자면 기승전결로 구성된 여행기가 아니라는 것이지요. 더 들어가 보면 『슬픈 열대』에 열대 우림의 마을들보다는 식민지화된 브라질의 명소라든가 프랑스 이탈리아 미국 등의 메트로폴리스, 인도 등의 남아시아가 훨씬 더 자주 나온다는 것도 발견할 수 있습니다. 특히 책의 끝맺음을 장식하는 장은 파키스탄 시골의 한 불교 사원입니다. 물리적 장소인 유럽의 파리에서 시작된 이야기가 정신적 공간인 불교 사원 안마당에서 끝나고 있으니 이 여행기는 확실히 열대가 주 배경이 아닙니다.

이렇게 다양한 공간들을 자유자재로 병치시키기 때문에 시간 역시 엄청난 범위로, 그러면서도 연대기적 순서를 전혀 따르지 않고 주파됩니다. 가장 중요한 시간의 축은 레비-스트로스 개인의 이력입니다. 우리는 그의 어린 시절부터 책을 마무리하는 42세까지의 생애를 대략적으로 짐작할 수가 있습니다. 그렇지만 여행기의 주인공을 레비-스트로스라고 보기는 어렵습니다. 레비-스트로스는 자신의 겪음과 느낌을 말하지 않고 그가 마주친 사람들에 대해 더 많이 말하기 때문입니다. 『슬픈 열대』는 자신의 기억과 타인의 추억이 자유롭게 이어지고 끊어지기를 반복하면서 독특한 시간의 무늬를 만듭니다.

이렇게 글쓴이 개인에 의해 편집된 기억들이 나오고 있으니 레비-스트로스가 자신의 인식 프레임 안에 열대를 포함시키기로 결론 내렸다고 봐야 할까요? 그런데 제목이 슬픈 '열대'입니다. 이 모든 인간사를 감싸 안는 것은 다시 또 빽빽한 열대의 숲입니다. 레비-스트로스는 자신의 방대한 여행기 안에서 유럽과 열대, 문명과 야만, 심지어 자기 개인사와 다른 이의 인생을 다채롭게 교차시킵니다. 그러니 레비-스트로스에게 '열대'란 단지 지리상의 한 장소를 의미한다기보다 그 자신을 포함한 수많은 인간들의 의식 풍경이라고 할 수 있겠습니다.

『슬픈 열대』가 갖고 있는 또 다른 중요한 특징은 다채로운 글쓰기 장르가 혼재되어 있다는 점입니다. 우선 5부부터 8부까지는 아마존 우림 원시 부족들에 대한 탐사 일지라고 할 수 있습니다. 하지만 그 밖에도 자서전, 남미를 통과한 학자들과 탐험가들의 열전, 독특한 열대의 박물지와 동식물 관찰기, 유럽과 인도의 비교 문명사 논문, 대서양 일몰 감상기, 그리고 희곡에 이르기까지 다양한 형식의 이야기들이 나옵니다. 심지어 탐사 중간에 적어 두었던 메모가 그대로 여행기 안에 녹아들어 가 있기도 합니다. 이토록 다양한 글쓰기 양식이 필요한 이유는 무엇이었을까요? 레비-스트로스는 완벽한 정보를 그러모으려 했던 것이 아닙니다. 그는 어느 대목에서도 객관을 지향하지는 않습니다.레비-스트로스·디디에 에리봉 대담, 『가까이 그리고 멀리서』 7~8쪽

　　레비-스트로스가 시도한 것은 주체를 확정하지 않고 대상을 지정하지도 않는 글쓰기입니다. 레비-스트로스는 '내가 쓴다'는 의식도 없고, '써야 할 무엇'도 따로 지정하지 않는 글을 기획했던 것입니다. 덕분에 『슬픈 열대』는 우리가 살아가는 세계를 경험하는 다채로운 관점이 있을 수 있음을 말해 줍니다.

　　레비-스트로스는 어떻게 한 사건의 처음과 끝을, 어떤 장소의 테두리를 정확하게 그리지 않는 여행기를 쓸 수 있었을까요? 나와 너를 이곳과 저곳을 무차별적으로 구별하지 않겠다는 것일까요? 그런데 여행기를 따라가다 보면 레비-스트로스가 각각의 사건과 개별 공간의 차이를 무화시킬 생각은 전혀 없다는 것도 알 수 있습니다. 오히려 레비-스트로스는 자신이 이동하는 중임을 놓치지 않습니다. 달라지는 풍경과 함께 대상에 대해 가지게 되는 관점이 계속 달라진다는 것을 발견했기 때문입니다. 그래서 그의 여행기는 가히 풍경의 발생학이라고 할 수 있습니다. 예

를 들면 자신의 브라질 도착에 대해서도 '남아메리카'가 얼마나 많은 사람들의 욕망이 좌충우돌하는 장소인지, 대기와 바다는 그런 '심상지리'(心想地里)의 형성에 또 얼마나 힘을 쏟는지 살펴 설명합니다. 어떤 풍경에도 그 발생의 논리가 있는 것이지요.

대표적인 예로 두 장면을 꼽아 보겠습니다. 선상에서 만난 러시아 혁명가 빅토르 세르주(Victor Serge, 1890~1947)에 대한 설명과 상파울루의 빈민가에 대한 묘사 부분입니다. 먼저 레비-스트로스는 1941년에 포로나 다름없는 신분으로 아메리카로 가는 배 위에서 레닌의 동료인 빅토르 세르주를 만납니다. 세르주는 무시무시한 혁명 투사인데 지조가 높은 독신녀를 연상시키는 외모를 갖고 있었습니다. 예민한 태도, 수염 없는 매끈한 얼굴, 날카로운 이목구비 등. 그런데 레비-스트로스는 세르주가 만약 버마현재의 미얀마 국경지대에서 태어났더라면 스님이 되었을 거라는 생각이 들었습니다. 버마의 승려들은 남녀를 구별할 수 없는 인상을 갖고 있는 데다가, 승려도 세르주도 구도의 길에 한 치의 실수도 용납하지 않으려는 굳건한 분위기를 풍기기 때문이지요. 레비-스트로스는 빅토르 세르주라는 한 인간의 본성에 주목하기보다는 그의 기질과 성정이 역사의 어떤 조건을 만나 저와 같이 개화했는지에 주목합니다.

그래서 레비-스트로스가 사건의 출현을 이해하는 방식은 지질학적입니다. **지질학은 지층들 간의 관계**를 연구합니다. 상이한 시기에 상이한 이유로 형태를 갖게 된 각각의 지층들은 시간 순서대로 쌓이는 법 없이 풍경의 무늬를 만듭니다. 만들었을 뿐 아니라 지금도 만들고 있는 중이지요. 레비-스트로스는 풍경을 만들어 내는 시간의 거대한 넓이와 깊이를 다음과 같이 설명합니다.

하나의 질서가 다른 질서와 대체된 것이다. 지금은 거리를 두고 떨어져 있는 나의 시선과 그 대상이라는 이 두 낭떠러지 사이에다가, 그것들을 파괴시킨 세월이 그 잔해를 끌어모으기 시작했다. 산마루는 작아지고 벽은 무너지고 있다. 시간과 장소는 늙어 버린 지각의 떨림으로 흩어져 버린 앙금처럼, 서로 부딪치다가 나란히 놓이기도 하다가 또는 서로 뒤바뀌기도 한다. 맨 밑바닥에 있던 오래된 작은 일이, 뾰족한 산봉우리처럼 솟아오르는 일이 있는가 하면, 한편으로는 내 과거에 누적된 모든 것이 자취도 남기지 않고 가라앉아 버리는 일도 있다. 잡다한 시대와 지역에서 온 것이며 겉보기에는 아무 상관이 없어 보이는 사건들이 서로 가볍게 스쳐 지나가다가, 나의 이야기를 따를 게 아니라 어느 현명한 건축가의 설계에 따라 지어진 듯한 작은 성의 모습으로 갑자기 굳어 버리기도 한다.『슬픈 열대』149~150쪽

확실히 레비-스트로스에게는 시간이라는 테마가 중요해 보입니다. 그는 변화를 보고 있습니다.

지질학은 지질에 영향을 미치는 요인들의 종류를 밝히고,

지층의 무늬를 결정하는 압력 관계의 일정한 패턴을 추출합니다. 『슬픈 열대』에서도 마찬가지입니다. 레비-스트로스는 어떤 대상도 있는 그대로, 그 자체로 보지 않습니다. 하나의 풍경이 특정한 역사 속에서 어떤 욕망과 만나 그 형태를 이루게 되는지를 천천히 추적합니다. 그런 다음 같은 발생적 기원을 지닌 다른 풍경들을 찾아내지요. 예를 들면 뉴욕 주 파이어 아일랜드의 지형을 베네치아의 지형과 비교하는 식입니다. 하나는 모래 언덕이고 하나는 수상 도시입니다. 겉으로 보면 완전히 다른 모습이지요. 하지만 두 장소 모두 지표가 물에 대한 강도가 약해서 꿀렁거린다는 공통점이 있습니다. 그래서 운하가 움직이는 베네치아와는 반대로 땅이 움직이는 이곳에서는 사람들이 물을 두려워하듯 곳곳에 지상 다리를 만들어 놓고 다니는 거지요.

지질학이란 지층의 다채로운 무늬를 다루는 학문입니다. 이 무늬는 그 장소에 우연히 놓인 지질 구성 성분들이 우발적인 지구 내부의 압력에 의해 만들어지죠. 지구가 지층의 무늬 같은 것을 기획하거나 계산할까요? 자연 전체의 힘 관계에 목적이나 방향을 부여하는 존재는 존재하지 않습니다. 그래서 '지질학의 시선으로 바라본다'는 것은 풍경의 존재함, 사건의 출현함 자체에 어떤 선험적인 목적을 두지 않음을 뜻합니다.

나중에 레비-스트로스는 이러한 관점에서 출현한 풍경 형태학을 인간 사고의 작동방식에도 적용시킵니다. 그것이 바로 레비-스트로스가 『야생의 사고』에서 멋지게 개념화한 브리콜라주(bricolage)입니다. 브리콜레(bricoler)는 공놀이, 구슬놀이, 사냥, 승마술 등 공이 튕겨서 돌아오거나, 개가 길을 잃는다든가 말이 장애물을 피하기 위해 직선에서 벗어나는 듯한 우발적인 움직임을 뜻하는 말을 기원으로 합니다. 브리콜뢰르(bricoleur)는 이런 방식으로 작업하는 사람을 뜻하는데요, 우리말로는 손재주꾼으로 번역되기도 하지요. 특정한 계획 때문에 구성된 것이 아니라 우발적 필요와 우연적 조건에 맞는 도구를 만드는 이를 의미합니다. 그는 갑자기 튀어나온 곰을 잡기 위해 스슥 활용하게 된 자신의 도구가 사냥에 효과를 낼 수 있을지 없을지를 알 수 없습니다. 다만 기대하겠지요. 여기서 중요한 것은 브리콜뢰르는 그렇게 만든 도구가 다른 장소에서 다른 곰을 잡는 데도 쓸모 있을 거라고는 생각하지 않는다는 점입니다.

브리콜뢰르는 자기가 꾸려 나가는 삶의 근원적 목표 같은 것은 없다고 보는 사람입니다. 그는 우발적으로 출현하는 삶의 온갖 문제들을 긍정합니다. 자연 안에서 사람은 누구도 벌어지는 모든 인과를 다 이해할 수 없습니다. 자기 관점의 한계에 갇혀 있기 때문입니다. 그렇지만 그 부분적 인식을 통해서라도 세계를 이해하기 위해 최선을 다합니다. 브리콜뢰르는 자기 한계를 직시하지만 그 조건 안에서 삶을 전면적으로 마주하며 움직이는 사람인 것이죠. 레비-스트로스는 모든 행위, 모든 문화는 그런 브리콜뢰르적 사고 위에서 나타나는 것이 아닐까 생각했습니다.

레비-스트로스가 지질학적 방법에 주목하는 보다 근본적인 이유는 이 학문이 모순을 다루기 때문입니다. 지층들은 가장 모순적인 여건에서 만들어져 각기 다른 이유로 결합되어 있습니다. 혹시 우리나라 서해안의 적벽강에 가보셨나요? 그곳에는 한반도 화산 활동의 흔적이 남아 있는 다채로운 지질 풍경을 볼 수 있는데요. 바닷가에 선캄브리아대의 화강암, 편마암을 기저층으로 한 중생대 백악기의 지형이 펼쳐져 있습니다. 책의 페이지처럼 수평으로 층층이 쌓아 올려져 있는 퇴적암 아래로 뜬금없이 양쪽에서 힘을 받아 습곡을 이룬 지층이 붙어 있기도 하고요, 성질이 다른 두 종류의 암석이 상호작용해서 만든 독특한 암석 페퍼라이트가 나오기도 합니다. 지질학은 지층들 간의 중재될 수 없는 차이를 지구의 풍요로운 활동 중 하나로 보지요. 어떤 지층이 '잘못' 튀어나왔다고 판단한다든가, 이 지층들이 결국 어떤 모습을 보이게 될 거라든가 하는 예측에는 관심을 두지 않습니다. 지층의 모든 단면들은 지구의 활동을 이해할 수 있게 하는 소중한 자료들이니까요. 바로 이것이 레비-스트로스가 원한 인류학자의 시선이었습니다.

레비-스트로스는 책에서 자신이 어려서부터 지질학에 관심이 많았다고 씁니다. 그러니 위와 같이 생각하면, 『슬픈 열대』 전체를 상이한 지층들, 그러니까 다양한 글쓰기 양식들의 종합이라는 스타일로 쓴 까닭은 실은 동시대 역사학의 횡포를 적극적으로 비판하기 위해서였다고 해야 합니다.

19세기 이래로 역사학은 인류가 '야만에서 문명으로 진보'한다고 하는 사회진화론적 역사관을 바탕에 두고 유럽 문명을 기준점으로 한 문명사관을 발전시켰습니다. 이러한 역사관을 관통하는 것은 변증법입니다. 변증법이란 만능이어서 처음에 주어진 사태 속 진술문 하나를 세워, 정확히 그것에 반대되는 다른 명제를 제시한 다음, 둘 모두의 상위에 있는 진술로 둘의 부분성을 타파합니다. 변증법은 모든 차이를 이항대립으로 단순화하지요. 나와 너를 극단적으로 나누고, 그 둘의 차이를 극복할 수 있는 초월적인 지점을 계속 도출해 냅니다.

레비-스트로스가 변증법의 화신으로 직접적으로 주목하는 사람은 사르트르입니다. 『야생의 사고』에 따르면, 사르트르는 변증법적 이성과 분석적 이성을 구분하고 후자를 휴식하는 이성이라 명명했습니다. 사르트르는 역사가 편향성을 가진다고 보았지요.레비-스트로스, 『야생의 사고』 안정남 옮김, 한길사, 1996, 368~369쪽 참고 그래서 그는 변증법적 이성을 기준으로 문명인과 비문명인을 구분했습니다. 이것은 사르트르가 프랑스 혁명을 인간 이성과 역사의 중요한 분기점(진실한 의미에서의 역사)으로 설정했기 때문입니다. 하지만 레비-스트로스는 프랑스 혁명이 왜 인류 이성의 기준점이 되어야 하는지에 대한 근거를 찾을 수는 없다고 보았습니다. 인류는, 인간 각자는 언제 어디서나 자기 변혁의 노력을 경주하니까요. 레비-스트로스는 정말이지 인간 한 사람 한 사람이 자신의 생각을 그런 방식으로밖에 펼칠 수 없는지를 깊이 이해하고자 했습니다.

레비-스트로스는 변증법이 복잡한 현실을 지나치게 단순화시키고 세련된 형식 논리에만 집착한다는 점을 불쾌하게 생각했습니다. 변증법이 강조하는 단계적 종합에서 현재는 늘 미래의 목적을 위해 극복되어야만 하는 부정적 지점이 됩니다. 그래서 유럽의 인문과학은 유럽 바깥을 야만이라며 착취했습니다.

레비-스트로스는 변증법의 단순하고 거친 종합을 비판했습니다. 서양 철학은 변증법이라는 틀을 붙들고 그것을 절대화함으로써 생동하는 현실을 관조하는 데에 만족하고 있었지요. 정말 물어야 할 것은 각자가 다르게 아름다움을 느낌에도 불구하고 어떻게 그것을 나눌 수 있는지 같은 문제일 텐데 말이지요. 그래서 레비-스트로스는 변증법적 사고에 물들어 있는 파리의 아카데미를 거침없이 비판했습니다. "어떻게 이토록 '소박한 확신'과 '빈약한 사고'의 결합이 가능한가?"라고요.『슬픈 열대』 160~161쪽 참고 (음. 과격한 성정이셨습니다. ^^;;)*

거미는 거미가 아닌 방식으로 세계를 만날 수 없고, 문어는 문어가 아닌 방식으로 타자를 바라볼 수 없습니다. 우리 각자는 자기 관점에 갇혀서 허우적대며 오늘 하루를 삽니다. 그런데도

---

* "나는 인식의 진보와 정신구조의 복잡성이 증대되는 것을 혼동하는 데서 오는 심각한 위험을 알고 있다. 우리들은 가장 적합하지 못한 이론을 출발점으로 삼아 가장 정묘한 데까지 우리를 끌어올리기 위해, 역동적인 종합을 행하도록 권유받았다. 그와 동시에(우리 선생님들 모두를 사로잡고 있던 역사적 배려로 인하여) 어떻게 가장 정묘한 이론이 가장 적합하지 못한 이론으로부터 점차 생겨날 수 있었는가도 설명해야만 하였다. 결국 문제는 진실과 허위를 발견하는 것보다는 어떻게 인간들이 점차로 모순을 극복해 갔는가를 이해하는 데 있었다. 철학은 학문의 시녀, 즉 과학적 탐색의 시녀나 보조자가 아니었으며, 의식 그 자체에 대한 일종의 심미적 관조였다."(『슬픈 열대』, 162쪽)

세계를 바라본다, 이치를 깨닫겠다, 큰소리치지요. 레비-스트로스는 이런 안타까운 사정을 코앞에 두고서, 자신의 유한한 경험 세계를 넘어 타자를 만나고 자연을 이해할 꿈을 꾸었습니다. 그는 남아메리카의 지세(地勢)를 바라보며 수많은 풍경, 다양한 인간을 고른 시선으로 바라볼 수는 없을까 궁리했지요. 그래서 기승전결로 짜인 여행기, 모든 경험을 자기 고유의 경험으로 환수해 버리는 여행기를 쓰지 않았던 것입니다. 레비-스트로스는 다양한 경험과 관점들을 다채롭게 종합해 내는 양식이 필요했고, 그것을 지질학이 풍경을 바라보는 방식에서 찾아냈습니다.

2. '자기'(自己)의 발생학 : 정신분석학, 마르크스주의

우리는 『슬픈 열대』의 1부를 통과했습니다. 그러나 아직 열대가 보이지는 않네요. 호호 진짜 많이 남았습니다.^^ 레비-스트로스는 대서양의 선상에서 이리저리 회상을 이어 나갑니다. 1부가 당시 유럽 사람들의 편협한 문명관을 비판했다면 2부에서는 특히 자신의 과거에 대해 떠올립니다. 자아와 타자 사이의 관계를 변증법적으로 종합하려는 사르트르식 해석에 반대하면서, 그는 자신의 이력을 천천히 설명해 봅니다. 그것이 2부 6장 '나는 어떻게 하여 민족학자가 되었는가'입니다.

자기를 설명하고 싶은 욕구란 레비-스트로스에게만 발견되는 것은 아닙니다. 수많은 사람들이 자서전을 남기지요. 그런데 잘 생각해 보면 자서전을 쓴다는 것은 대단히 곤란한 앞-작업을 필요로 합니다. 밤에 조용히 책상 앞으로 가 낮에 있었던 일을 정리하려 해도 쉽지가 않지요. 오늘 하루 펼쳐진 온갖 사건들 중에서 쓸 만한 것, 남길 만한 것을 선별해야만 하니까요. 그러니 자신의 온 인생을 통틀어 어떤 것을 구슬로 삼아 목걸이를 꿸지 정하는 일은 어떻겠습니까? 과거 회상이란 지나온 모든 시간을 현재적 시점에서 절단 채취하는 일입니다. 결국 현재 내가 어디에서 있는가에 대한 반성 없이는 불가능합니다. 덕분에 자서전은 보통 출세가들의 전유물이 됩니다. 다들 지금의 나를 성공했다고 하니 내 현재를 굳이 성찰할 필요도 없고요. 거침없이 그 성공에 이르는 궤적을 찾아 늘어놓기만 하면 됩니다. 이 대목에서 우리는 카프카(Franz Kafka, 1883~1924) 같은 작가의 글쓰기를 이해해 볼 단서 하나를 얻을 수 있습니다. 카프카는 자기에 대해서는 어떤 글도 남기지 않았습니다. 왜냐하면 늘 자신이 발 딛고 있는 자리를 의심했거든요. 그는 프라하라는 작은 도시에서 평생을 살았으면서도 매일같이 낯선 풍경을 발견할 줄 알았던 사람이었습니다. 그랬으니 절대로 이야기할 만한 '자기' 같은 것은 가질 수 없었을 겁니다.

레비-스트로스는 어떨까요? 남아메리카에서의 온갖 간난신고를 민족학자로서의 성공을 위한 징검다리로 삼고자 했던 걸까요? 그런데 잘 살펴보면 그가 자신의 이력을 설명하는 방식이 독특합니다. 그는 거듭 자신의 경험을 부적절했다, 어울리지 않았다, 라고 평가합니다. 살면서 어떤 동아리, 어떤 학교에서도 소속감을 잘 느낄 수 없었다고 말하고요. 공부했던 철학도 법학도 인생을 걸고 달려들 만한 과제로는 보이지 않았다고도 합니다. 심지어 레비-스트로스는 '자신에게는 기억의 축적에 대한 열망이 없다', '남미로 떠난 것도 알아보고 싶은 뭔가가 따로 있어서는 아니었다'는 것을 강조합니다. 한마디로 그는 자기가 '어떤' 사람이며 열대 탐사를 통해 이룬 성취는 '무엇'인지를 밝힐 의사가 없는 것이죠.

레비-스트로스가 얼마나 '자기'에 대한 애착이 없었는가는 다음의 말로도 잘 드러납니다. "해마다 수확을 거둘 일정한 토지를 온순하게 경작하고 있을 자질이 내게는 결여되어 있다." 『슬픈 열대』, 164쪽 그는 자신을 유목하는 저 원시의 수렵인에 비유합니다. 창발하는 생명들과 다종다기(多種多岐)한 관계들 속을 살며, 그 때마다 다른 '자기'를 느끼는 사람이라는 것이죠. 그럼 이처럼 '자기'를 설명하고 싶어 하지 않는데도 왜 그렇게 길게 자신의 과거를 펼쳐 놓았을까요? 레비-스트로스가 자신의 과거를 어떻게 말하고 있는지 들여다보겠습니다.

정신분석은 삶의 전(前)논리적 형식을 묻는다

레비-스트로스는 대학 시절 내내 민족학에 대해서는 아는 것도 없고 강의를 들은 적도 없었다고 합니다. 민족학자로서의 어떤 소명 의식이 있어서 열대로 떠난 것은 아니었다는 말이지요. 심지어 그는 저 위대한 민족학의 아버지, 『황금가지』의 저자 제임스 프레이저가 소르본에 와서 기념 강연을 했을 때에도 참석할 생각을 못했습니다. 레비-스트로스가 민족학으로 방향을 튼 것은 민족학이 좋아서였다기보는, 사르트르식의 변증법 즉 자와 타를 구별하고 진보된 문명을 통해 그 차이를 해소하려는 생각 방식에 질려서였습니다. 레비-스트로스는 답답했던 자신의 마음에 상쾌한 바람을 불어넣어 준 두 가지 사상 조류를 언급합니다. 그 하나는 정신분석이고 다른 하나는 마르크스입니다.

1920년부터 1930년까지 프랑스의 지성계에서는 정신분석 이론이 소개되고 있었습니다. 레비-스트로스는 비교적 일찍 프로이트를 접했습니다. 리세(lycée)프랑스의 고등학교에 다닐 때 정신과 의사를 아버지로 둔 친구가 있었는데 그 아버지가 프랑스에서 최초로 프로이트에 관심을 기울인 사람 중 한 명이었습니다. 레비-스트로스는 파리에 정신분석이 본격적으로 유행하기 전부터 주목하고 있었던 것이죠.

레비-스트로스는 정신분석을 통해 정태적 이율배반에 관한 이론이 무의미한 장난 같은 것이었음을 확신하게 됩니다. 정신분석은 인간의 삶을 설명하면서 합리와 비합리, 지성과 정서, 논리와 전(前)논리를 넘어서는 보다 중요한 범주를 강조합니다. 레비-스트로스는 그것을 시니피앙(기표, signifiant)이라는 범주로 보았습니다. 시니피앙 즉 '의미하는 바'입니다. 이에 대응하는 말은 시니피에(기의, signifié) 즉 '의미된 바'입니다. 서울 사람, 상파울루 사람이 각기 다른 생활권에서 살아가며 전혀 다른 시니피앙(기표)을 사용하지만 시니피에(기의)는 같을 수 있지요. 유사한 시니피에에 대한 상이한 시니피앙이 존재한다는 것을 통해 생각해보면, 인류는 어디에서나 이렇게 같은 방식으로 시니피앙을 만들어 나간다는 점에서 공통점을 갖습니다. 레비-스트로스가 보기에 프로이트는 표면상 아무리 비합리적으로 보이는 요소라 할

지라도 반드시 그 근저에는 합리적으로 설명될 수 있는 무엇이 있음을 주목했던 사람이었습니다.

여기에 더해 레비-스트로스는 프로이트의 비도덕주의에도 강하게 끌렸습니다. 프로이트는 자신의 환자들이 모두 과거의 트라우마 때문에 정신질환을 앓고 있다고 보았지요. 아버지와 어머니의 성애 장면을 보았다든가, 이유 없이 학대를 당했다든가 말입니다. 프로이트는 일견 부도덕해 보이기만 한 이런 사건을 비판하기보다는 그 현실을 입구로 해서 인간 무의식의 심층을 해명하려고 했습니다. 정신분석은 삶을 도덕적 판단의 대상으로 보지 않습니다. 삶은 우주 안에서 살아가는 인간들이 자연을 해석하고 사회를 구성하는 과정에서 만들어 낸 독특한 형식일 뿐입니다. 그 자체로 선하다 악하다 따질 문제가 아닙니다. 당시 유럽 사람들은 여러 원시 부족에게서 발견되는 식인 풍습, 여성 할례나 대리출산을 부도덕하다며 그것에 '야만'이라는 딱지를 붙이곤 했습니다. 레비-스트로스는 프로이트를 읽으면서 인간이 창조해 내는 어떤 관습도 자의적이거나 즉흥적일 리 없으며, 그러한 표현형을 가질 수밖에 없는 보다 근원적인 이유라는 것이 있으리라는 직감을 얻었습니다.

또한 프로이트의 이론은 지질학의 인간적 적용처럼 보이기도 했습니다.* 지질학자에게 가장 필요한 것은 지세(地勢)를 읽

---

* "내가 처음으로 프로이트의 이론들을 접했을 때, 그 이론들이 마치 지질학이 그 규범을 나타냈던

을 수 있는 감수성과 힘 관계에 대한 직관력입니다. 정신분석을 하는 의사에게도 이와 비슷한 능력이 요구되지요. 정신분석은 환자의 말과 행동을 통해 그 삶의 총체에 접근해 들어가야 하고 그 과정에서 병증의 메커니즘을 읽어 내야 하니까요. 환자의 삶에서 일어난 어떤 일도 우발적이며 독단적인 것으로 간주되지 않습니다. 의사는 시간의 흐름 안에서 시간을 초월한 원인들의 역학관계를 재구성해 내야 합니다. 레비-스트로스도 여러 원시 문화와 유럽 문화의 근저에서 작동하는 힘 관계를 이해해 볼 필요를 느꼈습니다. 레비-스트로스는 나중에, 현재 너머라든지 현상 이면의 사고논리에 대한 끈덕진 집착을 '돈키호테주의'라고 명명하게 됩니다. "잘못된 것을 바로잡고 박해받는 자들의 옹호자가 되고자 하는 열망이라는 사전적 의미는 아닙니다. 나는 돈키호테주의의 본질이 현재 너머에 있는 과거를 재발견하고자 하는 끈덕진 욕구라고 생각합니다." 레비-스트로스·디디에 에리봉 대담, 『가까이 그리고 멀리서』 151쪽 자신이 바로 돈키호테라는 뜻입니다.

방법을 개개의 인간에게 적용시킨 것 같다는 생각이 매우 자연스럽게 떠올랐다. 그 두 경우에서, 연구자는 외견상 침투할 수 없어 보이는 현상 앞에 단숨에 자리를 잡게 된다. 또 두 경우 다, 연구자는 복잡한 한 상황에 담긴 요소들의 목록을 작성하고 또 평가하기 위해서 그가 지니고 있는 섬세한 특성, 즉 감수성·직감, 그리고 감식력을 활용해야만 하게 되어 있다. 그런데 현상의 총체 속에서 야기되는 질서가 첫눈에는 지리멸렬해 보이지만, 우발적인 것도 아니며 독단적인 것도 아니다. 역사가가 다루는 역사와는 달리, 정신분석학자가 보는 역사처럼 지질학자의 대상이 되는 역사는 시간 속에서 물리적 또는 심리적 세계의 몇몇 근본적인 속성을 활인화 비슷하게 투영하고자 애쓴다."(『슬픈 열대』, 170쪽)

제2부_지질학의 문체로 쓴 여행기

마르크스는 소외 없는 삶을 꿈꾼다

레비-스트로스는 마르크스의 이론도 정신분석과 같은 맥락에서 받아들였습니다. 레비-스트로스가 마르크스를 처음 접한 것은 열일곱 살 때였습니다. 방학 중에 알게 된 젊은 벨기에인 사회주의자를 통해 처음 마르크스를 접했다지요.

마르크스도 표면적 현상 아래로 내려가면 논리적 설명이 가능한 어떤 의식 구조가 있다는 점을 강조했습니다. 마르크스는 물질적 차원인 하부구조가 의식적 차원인 상부구조를 결정한다는 관점에서 인류의 역사를 관찰했으니까요. 레비-스트로스는 우선 마르크스주의의 이 '모델 구축성'에 주목했습니다. 하지만 마르크스와는 다른 방식으로 그 구축성을 활용하지요. 레비-스트로스가 보기에 마르크스 자신은 그렇지 않았을 수도 있지만, 마르크스주의는 하부구조와 상부구조 사이에 존재하는 매개적 관계에 거의 주의를 기울이지 않았습니다. 생산과 관련된 양식들과 인간 정신의 양식들을 독립된 것으로 단순하게 설정하고 그 사이를 즉각적으로 등치시켜 버린 뒤, 별 설명을 하지 않았습니다. 그래서 레비-스트로스는 생산양식과 정신양식 사이의 연결을 이해해 보기로 하면서, 더 나아가 인간 정신의 작동방식을 이해해 보기로 결심했습니다.

때문에 레비-스트로스에게 인류학은 곧 심리학이 됩니다. 심리학이라고 해서 정념의 종류나 작동방식을 설명하겠다는 것은 아니고, 인간 정신이 전의식적 차원에서 어떻게 물질 세계를 파악하고 그것을 활용하는지 그 논리를 밝히겠다는 의미입니다.

마르크스주의는 — 마르크스 자신은 그렇지 않다고 하더라도 — 관습적 행동이 직접적으로 실천에서 나온다고 너무 쉽게 결론을 내렸다. 이론의 여지가 없는 하부구조의 의의를 문제삼는 것은 아니지만 나는 실천과 관습적 행동과의 사이에는 언제든지 매개항이 있다고 믿고 있다. 그 매개항은 개념의 도식인데 서로 떼어놓을 수 없는 본질과 형태가 그 도식의 조작에 따라 구조, 즉 경험적이면서 해명 가능한 존재로 구현된다. 나는 마르크스가 거의 손대지 아니한 이 상부구조의 이론을 세우는 데 힘쓰고 싶다. 본래의 의미에서 하부구조의 연구를 발전시키는 것은 인구통계학, 공학, 역사지리학, 민족지의 도움을 받아서 역사학이 해결해야 할 과제이다. 하부구조 그 자체는 인류학자의 주된 연구대상이 아니다. 인류학은 우선 무엇보다 심리학이라 할 수 있다.『야생의 사고』 206쪽

여기에 더해 레비-스트로스가 마르크스로부터 핵심적으로 받아들인 관점은 '소외'에 대한 문제입니다. 마르크스는 산업화 과정에서 노동자와 그의 산물 간에 발생하는 소외에 주목했습니다. 레비-스트로스는 이와는 조금 다른 차원이지만, 자기 삶의 방식과 윤리를 스스로 조직할 수 없는 상태로부터 따라 나오는 소외에 주목합니다.

레비-스트로스는 흔히 구조주의자로 불립니다. 그가 호모

사피엔스가 쓰는 원형적 사고 모델을 두고 '구조적'이라고 말했기 때문입니다. '구조'라고 하면 거대한 건물의 철골처럼 견고한 주형적 틀을 떠올리기 쉽습니다. 하지만 레비-스트로스에게 '구조'란 자연의 압도적인 힘 앞에서 시도해 보는 사고 실험의 어떤 형식 논리입니다.

간단하게만 말씀드리면 이 구조적 사고는 이항대립적 모델을 취하는데요. 적과 나, 먹을 것과 먹힐 것을 구분하려는 최소한의 노력에서 시작된 이항대립적 사고의 '형태성'을 레비-스트로스는 '구조'라는 단어로 강조했다고 할 수 있습니다. 당연히 이 '구조'는 신축성 있게 형태적으로 변형을 거듭합니다. 자연은 늘 변화무쌍하지요. 그 안에서 전개되는 먹고 먹힘의 사슬은 무한대로 얽혀 있을 겁니다. 그런 자연 안에 자신을 밀어 넣어야 하는 인간에게는 자연의 규칙성을 파악하려는 사고 실험이 절대적으로 필요하겠지요. 레비-스트로스는 호모사피엔스가 그 실험을 위해 특별한 패턴을 동원했다고 보았습니다. 인간은 같은 강물에 두 번 발을 담글 수 없다는 헤라클레이토스의 생각을 견지하면서도, 그 흐름 안에서 끊임없이 우주 해석의 이론적 틀이 생산되고 변용된다는 점에 주목했던 것입니다.

레비-스트로스가 관심을 둔 것은 창발하는 흐름 속의 인간 사고였습니다. 그러나 그것을 '구조'라는 말로 표현하다 보니 때로는 이런 비판도 받았지요. 인간이 어떤 사고 '구조'의 산물이란 말인가? 개인의 자유 같은 것은 없고? 개인의 욕망과 문화 전체가 충돌할 때 발생하는 소외의 문제는 어떻게 설명할 것인가?

그런데 레비-스트로스가 보기에 서양의 현대 문화야말로 사람들을 자기 삶에서 소외시키는 온갖 시스템들로 가득해 보였습니다. 전문화되고 제도화되는 사회 안에서 개인은 자기 삶을 구체적으로 꾸려 갈 능력을 상실해 가고 있었으니까요. 레비-스트로스는 유대인이었습니다. 그는 2차 세계대전 기간에 나치즘의 인종 학살을 가까이에서 경험했습니다. 홀로코스트는 하나의 문화가 자기 정체성을 고집하기 위해 타인종을 공동체의 테두리 밖으로 내치려는 태도였고, 내 문화의 우월성을 입증하기 위해 인간들 중 한 종을 박멸하려 했던 조직적이고 파괴적인 시도였습니다. 그러한 편집증적인 자문화중심주의야말로 근대적 개인주의가 낳은 산물이었지요. 생멸하는 자연 안에서 온갖 존재들과 삶을 나누고 있는 '나'를 특정한 정체성 안에 구겨 넣으려 하다 보니, 내 삶 안에서 그 정체성에 부합하지 않는 존재들을 박멸해야만 한다는 강박이 생긴 것입니다. 반유대주의란 정체성에 집착하는 결벽증의 한 예입니다. 레비-스트로스는 자기 삶의 생동적인 현실을 구체적으로 직시하지 못하는 데에서 오는 소외로 유대인뿐만 아니라 독일인들도 신음하고 있음을 보았습니다.

『슬픈 열대』에서 레비-스트로스는 나치즘에 대해서는 거의 언급하지 않습니다. 그 대신 우리가 객관이라고 믿고 따르는 자문화의 테두리 같은 것도 결국은 우발적 필요가 낳은 생각의 틀에 불과하다는 점을 여러 예를 들면서 보여 줍니다. 레비-스트로

　　　　　　　　　제2부_지질학의 문체로 쓴 여행기

스는 『슬픈 열대』에서 계속 자기 상식이나 문화적 정체성에 갇히지 말 것을 강조합니다. 우리들 각자의 상식이 어떤 과정 속에서 구성되어 나타난 것인지 그 역사성에 주목하는 것이 중요하니까요.

레비-스트로스는 마르크스를 읽으면서 소외 없는 삶, 나와 나를 둘러싼 환경 사이의 조화로운 관계에 대한 꿈을 키웠습니다. 마르크스에 대한 레비-스트로스의 사랑은 생의 마지막까지 이어졌습니다. 그는 늘 프랑스 사회주의자들의 동향을 주시했지요. 하지만 아카데미 안에서 학생들에게 자신의 정치적 입장을 강조하지는 않았습니다. 레비-스트로스는 글이 잘 쓰이지 않거나 작업에 진척이 없을 때면 『자본론』 몇 페이지를 읽고 시작하기도 한다고 즐겁게 회상합니다. 마르크스는 역사적인 관점을 견지하면서 인간을 근본적으로 이해하려 했던 레비-스트로스에게 무한한 영감을 주었나 봅니다.

3. 초월하는 역사 vs 생성하는 구조

레비-스트로스는 6장 '나는 어떻게 하여 민족학자가 되었는가' 이후부터 시원하게 바다를 가르며 남아메리카로 들어갑니다. 관점과 조건에 따라 다른 사람이 되어 가는 자신을 느긋하게 바라보지요. 파리에서의 나는 허상이고 열대에서의 내가 진짜다! 라고 주장하지 않습니다. 각기 다른 좌표 속에서 내가 어떻게 출현해 가는지를 바라볼 뿐입니다.

여행을 할 때 우리는 상이한 공간을 주파하는 동일한 나가 있다고 생각합니다. 레비-스트로스에 따르면 상이한 공간과 함께 상이한 나가 출현합니다. 공간의 이동과 함께 사회적 서열이 변하기도 하니까요. 파리에서는 학비로 전전긍긍했던 레비-스트로스였지만 대서양과 적도를 건너 브라질에 도착하자마자 그의 지위는 상승되었습니다. 유럽과 남미의 물가 차이도 있고, 제국주의의 나라로부터 온 백인에 대한 선망의 시선이 있기도 해서지요. 그런데 2차 세계대전의 끝 무렵 미국에 빈털터리로 도착했을 때는 이 상황이 또 역전되었습니다. 같은 아메리카라지만 뉴욕에서는 가난한 망명객이나 다름없는 유대인을 그리 곱게 보지는 않았던 것입니다. 레비-스트로스는 이 모든 과정을 회상하면서 한 인간, 한 사물의 본질 같은 것을 객관적으로 따지는 일의 부질없음을 통감했습니다.

본질적인 나는 없습니다. '나'라는 대상이 어디에 독립적으로 존재하고, 균질적인 것처럼 간주되는 시공간 안의 점과 점 사이를 직선적으로 이동한다는 관점에서 보면, '나'는 나이를 먹어 갈수록 성숙하고 업적을 얻어 갈수록 훌륭한 존재가 되겠지요. 사르트르가 제시하는 역사의 변증법은 이처럼 '자기'라고 하는 존재의 핵이 있어 구체적 현재를 다음에 올 발전된 미래를 통해 계속 극복하고 초월해 간다는 관점입니다. 그런데 레비-스트로스는 이러한 주체관이 태생적으로 자신과는 잘 맞지 않다고 거듭 말합니다.

그럼 왜 2부를 시작하면서 다시 대서양 출발 이전의 '자기' 이야기로 돌아가는 것일까요? 자신의 좌표에 신경을 쓴다고 해서 자기애가 강한 사람이라고 단정하지는 않아도 됩니다. 레비-스트로스는 분명 자신이 유럽 어디에서 출발했고 어떤 고민 속에서 여행을 시작했는지를 길게 썼습니다. 하지만 그가 집중적으로 주의를 기울였던 지점은 자기 생각이 상황에 따라 변해 가는 과정이었습니다. 대서양의 노을을 바라보며, 상파울루의 빈민가 앞에서, 열대 우림의 전신선을 따라. 레비-스트로스는 마치 다큐멘터리 감독처럼 자기 여행을 '바깥'에서 바라보면서 기술해 갑니다. 그가 매번 지금은 어디고, 누구와 함께 있는지를 언급했던 까닭은 '자기의 여행'임을 강조해서가 아니었던 거예요. '자기'가 어디에 도착할지를 밝히고자 해서가 아니라, '어디를' 떠나는 과정임을 주의 깊게 관찰하려고 해서였습니다. 레비-스트로스는 자신이 새롭게 떠오를 미지의 장소를 동경하며 여행을 계속했을 것입니다.

이렇게 계속 변해 가는 자기를 관찰해서 그가 얻으려고 하는 바는 무엇일까요? 레비-스트로스는 자신의 최종 목표를 6장에서 살짝 밝힙니다. '나도 지리적이고 역사적인 조건의 산물이고, 다른 사람들도 그러하다면, 우리들을 이렇게 다르게 출현시키고 있는 저 근원적 의식은 어떤 모습일 것인가?' 여행을 돌아와서부터 거의 20년 동안, 레비-스트로스는 자신에게 인류학이란 어떤 학문일 것인지를 묻고 또 물었을 것입니다. 레비-스트로스는 '민족학' 또는 우리 식으로 말하면 '인류학'이 모든 인간들에게 관련되는 변화와 차이에 대해, 그 변모들의 근원을 통찰하는 학문이어야 한다는 결론을 얻게 됨으로써 비로소 자신의 연구 방향을 확정하게 되었고 『슬픈 열대』라고 하는 여행기도 쓸 수 있었습니다.

6장 '나는 어떻게 하여 민족학자가 되었는가'를 읽은 우리는 이제 알 수 있습니다. 앞으로 전개될 '열대' 이야기가 단지 남아메리카의 지리나 기후 상황 혹은 그곳의 부족들 풍습에 대한 정보 나열이 되지 않으리라는 것을 말이지요. 레비-스트로스는 상이한 풍속들의 이면에서(프로이트라면 무의식이라고 했겠군요) 작

동하는 '인간' 의식의 특수한 성질과 작동방식을 보이려고 노력
할 것 같습니다.

> 민족학은 나에게 지적 만족을 가져다준다. 세계의 역사와 나의 역
> 사라는 양극을 결합시켜, 인류와 나 사이에 공통되는 근거를 동시
> 에 드러내 보이는 것이다. 민족학은 나로 하여금 인간을 연구하도
> 록 함으로써 나의 회의를 덜어주었다. 어떤 한 문명에만 적합하여
> 서 만일 그 문명 바깥으로 나가게 되면 자기 붕괴를 일으키고 말 사
> 람들을 제외한, 모든 인간들에게 관련되는 변화와 차이를 민족학
> 이 다루고 있기 때문이다. 어쨌든 민족학은 풍속과 습관과 제도의
> 다양성을 갖춘, 실질적으로 무한한 자료를 나의 사고에 확보시켜
> 주면서, 앞에서 말한 나의 불안과 파괴적인 갈망을 가라앉혀 준다.
> 민족학은 나의 성격과 생활을 융화시켜 주는 것이다. 『슬픈 열대』 173쪽

그런데 아직 문제가 다 풀린 것은 아닙니다. 레비-스트로스
는 사르트르식으로 역사적 시공간 안에서 점점 자기의 점유처
를 확장해 가는 초월적 인식 태도를 비판했습니다만, 그가 살펴
보고자 한 그 '인간'이라는 것도 결국 개별 삶을 추상화하는 것이
되지 않을까요? 또 '인간'의 이름으로 남아메리카 대륙을 바라보
면, 처참한 식민의 역사에 대한 백인의 책임은 어떻게 말할 수 있
게 될까요?

문제는 여기서 그치지 않습니다. '인간'이라는 것을 바라볼

수 있는 인간이 있을 수 있나요? 우리는 자신의 눈으로 자기를 볼 수 없습니다. 개별 인간인 우리가 어떻게 보편지(普遍知)를 구할 수 있단 말입니까? 차이 나는 개별의 삶들의 근원을 바라본다고 할 때, 레비-스트로스는 도대체 어떤 지점에 서 있겠다는 것일까요? 초월적 역사관이 만든 것이 저 속악한 제국주의이고 파시즘이었는데, 레비-스트로스가 주목하는 '인간'은 그런 보편자로서 개별의 삶을 평가하는 신적인 개념이 아닐 수가 있을까요?

그런 의미에서 6장의 마지막에 레비-스트로스가 인용하는 에피소드는 참으로 여러 가지 해석을 가능하게 합니다. 백인들이 캘리포니아에서 야생 상태의 인디언들을 몰살시켰다는군요. 간신히 한 인디언 남자가 살아남았지만 백인들을 피해 대도시 주변에서 먹을 것을 찾았던 그는 점점 더 굶주림을 모면할 수 없는 처지가 되어 갔습니다. 그가 도시 변두리의 한 마을 입구에서 지친 모습으로 발견되었고, 결국 그는 캘리포니아 대학의 수위로서 여생을 마치게 되었다고 합니다.

읽기에 따라서는 백인이 짓밟은 삶을 백인이 적선하듯 다시 거둬 주는 훈훈한 제국주의식 미담 같기도 합니다. 그런데 이렇게 읽기 위해서는 몇 가지 전제가 필요하지요. 야생의 인디언의 삶은 좋은 것이다, 대학 수위의 삶은 나쁜 것이다. 하지만 지금까지 우리가 보았듯 레비-스트로스는 본질론을 넘어가려고 했습니다. 그리고 그가 알고자 했던 것은 '인간'이 아니라 인간 정신의 작동방식입니다. 즉 '구조'지요. 이 '구조'는 어떻게 알 수 있을

제2부_지질학의 문체로 쓴 여행기

까요? 레비-스트로스는 '증류'의 방법을 쓰겠다고 합니다.

'증류'란 어떤 용질이 녹아 있는 용액을 가열해 얻고자 하는 액체의 끓는점에 도달하면 기체 상태의 물질이 생기는데, 이를 다시 냉각시켜 액체 상태로 만들고 다시 이것을 모아 순수한 액체를 얻어 내는 과정을 의미합니다. 레비-스트로스가 말하는 '증류'는 사물의 개별적 인상을 다양한 각도에서 관찰하면서 우연한 일, 대수롭지 않은 일을 따로 가리지 않고 그 의미를 확장시켜 보거나 축소시키면서 의미의 근저에서 작동하는 사고 논리를 통찰하는 것입니다. 그는 말장난이나 향기 같은 파편적이고 감각적인 인상의 저편에서 작동하는 의식의 논리를 역으로 물어 들어가는 방법을 취하겠다고 하는 것이죠. 따라서 최고로 순도 높은 사고의 작동원리에 도달하기 위해서는 가능한 한 다양한 이미지의 용질을 수합해서 끓일 필요가 있습니다. '증류'를 다른 말로 하면 용해입니다. 레비-스트로스는 인문과학이 이뤄 내야 할 바는 인간의 구성이 아니라 인간의 용해라고 합니다. 『야생의 사고』 354쪽

레비-스트로스는 자신이 갖고 있는 유럽인으로서의, 혹은 유대인으로서의 통념을 이 증류 과정에 함께 넣어 끓여야 한다고 보았습니다. 그것이 바로 1964년부터 그가 본격적으로 시도하는 작업인 『신화학』입니다. 레비-스트로스는 동서고금의 신화를 모두 끓여서 '구조'를 추출하려고 했습니다. 레비-스트로스는 1971년까지 거의 8년을 하루같이 『신화학』 연구에 매진했습니다. 예를 들면 고대 그리스 오이디푸스 신화에 나오는 '아기 오

이디푸스의 발목이 묶여 있었다'라는 모티프를 프랑스 동화에 나오는 '유리구두 한 짝을 잃어버려 다리를 절게 된' 신데렐라 이야기와 함께 읽어 냄으로써 각기 다른 지역과 민족의 의식 구조 안에 '제대로 걸을 수 없음=반은 땅에 반은 하늘에 속하는'과 같은 논리가 작동함을 읽어 내는 식입니다. 이 논리 하나를 확정하기 위해 레비-스트로스는 실로 엄청난 종류의 신화들을 함께 넣고 끓이는 작업을 했습니다.

그런데 그는 잘 알고 있었지요. 이 작업은 이미 그의 손을 넘어서 있는 일이라는 것을요. 전 세계에는 사람 수만큼이나 많은 이야기들이 있을 것이고 그 모든 것을 다 증류해 내기란 불가능할 테니 말입니다. 뿐만 아니라, 인간은 지금도 태어나고 있고 어디에선가 또 새로운 이야기는 만들어집니다. 도대체 레비-스트로스는 이 불가능한 작업에 왜 매달리려는 것일까요? 저는 바로 이 질문에 대한 대답이 『슬픈 열대』의 마지막 장에 있다고 생각합니다. 여기에 대해서는 이 책의 9부 「인류학, 나의 무지를 알아가는 공부」에서 다시 말씀드리겠습니다.

다시 캘리포니아 대학의 수위 이야기로 돌아와 볼게요. 레비-스트로스는 수위가 평화로운 죽음을 맞이했음을 어디서 들었다고 씁니다. 레비-스트로스는 이 수위의 죽음을 평가할 어떤 자리도 없다고 말하는 것이 아닐까요? 인디언으로 살지 못해 비참하다가 아니라, 원했든 그렇지 않든 사나이는 어떤 학문을 지키는 일에서 새로운 만족을 얻고 죽었음이 분명합니다. 한 몸으로 두 개의 생을 살았던 그 삶에 대한 해석의 결정권은 그에게 있고 다만 인류학자는 그의 운명을 좌우한 사고를 추적할 기회가 있기만을 바랄 수 있을 뿐이지요. 잘 생각해 보면 이 수위의 운명이 어쩐지 레비-스트로스의 운명 같기도 합니다. 수위가 인디언에서 백인이 되었다면 레비-스트로스는 백인에서 인디언이 되는 길을 밟기라도 하듯 『슬픈 열대』를 쓰니까요. 이 부분은 이 책의 5부 2장 '열대의 세례식'을 참고해 주세요.

『슬픈 열대』 2부에서 흥미를 끄는 또 하나의 장은 7장 '일몰'입니다. 레비-스트로스는 인류학자가 되기로 결심했던 자신의 과거를 증류시켜 인류학의 소명을 결정(結晶)할 수 있었습니다. 그런데 7장 '일몰'에서는 갑자기 대서양에서 해가 지는 풍경을 용해시켜 길게 묘사합니다. 묘사란 이렇게 하는 것이라는 듯이요. 우리도 한번 그의 석양을 음미해 보겠습니다.

하늘이 맑아짐에 따라 어떤 해안 풍경을 닮은 이 구름을 배경으로 해서, 모랫둑이며 숱한 작은 섬들이며 간척지며 모래톱들이 나타나는 게 보였다. 무기력한 하늘 바다가 모랫둑을 침식하여 조금씩 해체되어 가는 모래 평원을 후미와 늪으로 수놓는 것이었다. 이들 구름의 그 흐릿한 화살 같은 형태를 둘러싸고 있던 하늘은 바다를 닮았고, 또 바다는 보통 하늘의 색채를 되받기 때문에 이 하늘의 그림은 그 위에 태양이 또다시 질, 멀리 떨어진 곳의 풍경을 새로 원상복구시키고 있었다. 이미 한낮의 열기도, 저녁식사 후의 그 우아하고 굴곡진 표면의 아름다움도 사라졌다는 환상으로부터 벗어나기 위해서는, 바로 밑에 있는 실제의 바다를 들여다보기만 하면 충분하였다. 거의 수평으로 비춰진 햇빛들은 그들을 향해 있는 잔물결들의 표면만 비춰줄 뿐이었고, 다른 것들은 어둠 속에 버려져 있었다. 바닷물도 선명하고, 눈에 띄며, 마치 금속에서인 양 움푹 팬 그림자들을 두드러져 보이게 하였다. 명백한 것들은 모두 다 사라져 버리고 말았다.『슬픈 열대』 186~187쪽

여행을 시작하면서 싱그럽게 새로운 에너지를 뿜어내는 새벽을 묘사해도 모자랄 것 같은데 왜 일몰일까요? 위에서 볼 수 있듯이 레비-스트로스는 서서히 찾아오는 저녁과 함께 모든 것이 스러져 가는 과정을 단어로, 문장으로, 하나하나 붙잡으려 합니다. 소용 없는 작업일 테지요. 어떤 작가도 화가도 지는 해와 만 가지 색으로 바뀌는 대기의 변화를 포착할 수는 없을 테니까요. 자연은 정지하는 법이 없습니다. 자연의 리듬은 다만 조건에 따라 창발하는 삶을 사는 인간과 무관하게 돌아갑니다. 인간의 어떤 시도도, 의식 구조에 따른 어떤 이야기도, 그 자리를 떠나서는 다 소용이 없고, 그 자리에서도 시간의 흐름과 함께 효력이 다하기 마련입니다. 우리가 활약했던 무대의 조명이 꺼지면, 그 무대장치라는 것들이 얼마나 초라하고 빈약해 보일까요? 무상한 이 한 생을 바라보듯 레비-스트로스는 지는 대서양의 노을을 바라보았던 것입니다.

제3부
열대, 어디에나 있는 근대의 타자

1. 남아메리카, 탐욕과 무지의 신대륙?

레비-스트로스는 드디어 남아메리카 대륙에 도착합니다. 하지만 그 직전에 일행은 적도 무풍지대를 통과하게 됩니다. 이 열대 탐험기는 그 전체가 도대체 레비-스트로스가 어떤 의도로 삽입했는지 잘 알 수 없는 에피소드로 넘쳐나지만, 특히 이 농무지대는 진위를 파악하기가 어렵습니다. 왜냐하면 농무(濃霧), 말 그대로 짙은 안개 지역을 뜻하니까요. 레비-스트로스는 신대륙 앞에 서는 그 느낌을 왜 음울한 안개의 이미지로 표현했을까요? 그곳은 바람도 불지 않는 곳. 덕분에 파도도 치지 않고 먹이를 구하며 배 주위를 함께 달리곤 하던 돌고래도 어떤 이유에선지 자취를 감추는 곳입니다. 보이지 않고 들리지 않는 시공간, 즉 '무지의 벽'입니다.

　그런데 이 농무가 단지 '아무것도 보이지 않음'만 뜻하는 것은 아닙니다. 구세계와 신세계 사이에 쳐져 있는 벽이니 말 그대로 문명과 야만 사이에 가로놓여 있는 벽이고, 양쪽 모두에게 저편인 그 각각의 세계는 서로에게는 두려움의 대상이 됩니다. 농무란 두 세계의 건널 수 없는 차이이자 서로를 바라보는 두 편의 한계를 의미하고, 한계인 한에서 어떤 모험과 위험을 감수할 것을 요구합니다.

레비-스트로스는 이 벽 앞에 백인들이 어떻게 대응했는가를 먼저 이야기합니다. 그들은 먼저 놀랐습니다. 자신들의 구제(救濟), 습속, 법 관념이 절대적일 수 없음을 알게 되기 때문입니다. 동시에 그들은 두려움에 사로잡혔죠. 레비-스트로스는 유럽인들이 남아메리카에서 벌인 도륙(屠戮)을 '두려움' 때문이었다고 설명합니다. 그 두려움이 얼마나 절대적이고 비타협적이었는지, 히스파니올라(오늘날의 아이티와 도미니카공화국)에서는 유럽인이 오기 전 약 10만 명이나 되던 인구가 불과 몇백 년 사이에 단 200명으로 감소했습니다. "유럽 문명에 대한 공포와 혐오"『슬픈 열대』194쪽 때문에 원주민들은 절멸의 길을 걸어갈 수밖에 없었던 것입니다.

백인들은 드레스가 없고, 의회가 없다는 등등의 이유로 원주민들을 부정했습니다. 특히 가끔 발견되는 열대 부족들 사이에서의 식인(食人)은, 유럽인들이 원주민을 혐오할 수 있는 구실을 제공했지요. 레비-스트로스는 공포와 무지로 남미 대륙을 마구 헤집고 다닌 제국주의의 역사를 두고 관찰력의 부족을 그 이유로 듭니다. 조금만 주의를 두고 관찰했더라면 그러한 식인도 각 부족의 우주론에서 나온 윤리학임을 알 수 있었을 텐데 말이지요. 초기에 농무지대를 통과했던 콜럼버스는 세이렌(그리스 신화 속 반인반조半人半鳥)을 목격했다고도 하고, 태양 광선이 너무 강렬해서 남미 대륙에서는 곡물들이 바로 타 버리거나 말린 고기들이 1주일 동안 구워지기도 한다는 등, 충분히 바라보고 이해하려는 노력 없이 대충 환상적으로 신세계를 묘사하고 말았습니다. 콜럼버스의 신대륙 탐험 이후에 유럽 사람들은 그런 불충분한 관찰과 이해를 하나의 사실로서 받아들였지요.

레비-스트로스는 난생처음 백인들을 보았던 원주민들의 사고를 콜럼버스의 태도와 비교합니다. 두 문명의 첫 교류 시기에는 콜럼버스만큼이나 원주민들도 당황했습니다. 원주민들도 수시로 백인을 잡아들였고 물속에 던져 죽이곤 했습니다. 그런데 원주민들은 백인의 시체가 부패하는지를 알아보려고 했을 뿐입니다. 즉 백인도 죽고 썩는 존재라면 신은 아닐 것이니, 다만 원주민들은 백인들을 자신들과 동류로서 취급해도 되는 존재인지 아닌지를 알고 싶었던 것입니다. 원주민들의 세계관 안에서는 인간이 자연의 다른 종, 예를 들면 곰이나 새보다 특별한 지위를 차지하고 있지 않았고, 이들은 여러 번의 사체 실험 끝에 백인도 이종(異種)의 한 존재로서 받아들일 수 있었습니다.

레비-스트로스는 가만히 비교해 보았습니다. 안개에 휩싸인 존재나 다름없는 타자 앞에서 적어도 원주민은 자연과학적 태도로 적극적인 관찰과 실험에 임했던 반면, 백인들은 미지의 존재에 대해 환상적이고 모호한 인상만을 계속 가지고 있으려 했습니다. 레비-스트로스는 원주민 쪽이 훨씬 더 이성적이라며 그들의 자연과학적 사고에 큰 박수를 보냈습니다. 그것이 훨씬 더 인간답기 때문입니다. 인간, 즉 호모사피엔스란 곧 슬기로운 사람입니다. 탐구 정신이야말로 인간의 본성이니까요.

농무지대를 넘어가면 무엇이 있을까요? 레비-스트로스는 신세계가 있다고 합니다. 그것은 우리도 아는 것이죠. 하지만 그 신세계는 단일하고도 무서운 실체로서의 신세계입니다. 즉 신세계는 내가 손에 잡을 수 있고 눈으로 그릴 수 있는 그런 종류의, 즉 관찰가능하고 분석가능한 객관적 실재가 아닌 것입니다. 유럽과 다른 무엇이 아니라, 어떤 단일성을 갖춘 낯선 세계라는 뜻인데요. 이것이 도대체 무슨 말일까요?

20세기 초까지도 서양인들은 유럽 바깥에서 순수한 자연 같은 것을 찾으려고 했습니다. 그런데 있는 그대로의 자연이란 것이 과연 있을까요? 순수하다는 것은 순진하다·어리다·세상 물정 모른다는 뜻으로, 딱 반대편에 세속적이다·성숙하다·물정에 능통하다라는 의미를 그 전제로 둡니다. 소위 순수란 '문명'의 반대라는 뜻이었던 것이죠. 그래서 제국주의 시대에는 순수가 금방 '야만'이라는 말과 동의어가 되었습니다. 문명의 계몽적 손길을 가만히 앉아서 기다리는 자연으로서의 야만을 설정했다고 할 수 있습니다.

제국주의는 이런 상호 배타적이며 위계적인 이분법을 이용해 문명과 야만, 과거와 미래, 남성과 여성을 구별했습니다. 조지프 콘래드 같은 작가는 이런 이분법이 얼마나 망상적인지를 『암흑의 핵심』(1899)에서 다음과 같이 언급합니다.

그녀는 야만적이면서도 의젓했고 야성적인 눈을 하고 있으면서도 화사했지. 그녀의 신중한 걸음걸이에는 어딘가 불길하면서도 당당한 데가 있더군. 그리고 슬픔에 잠긴 대지에 갑자기 내린 정적 속에서 다산적(多産的)이면서 신비로운 엄청난 생명 덩어리인 그 거대한 밀림은 생각에 잠긴 채 마치 그 자체의 어둡고 열정적인 영혼을 반영하는 이미지라도 바라보듯 그녀를 바라보는 듯했어. 조지프 콘래드, 『암흑의 핵심』[2판], 이상옥 옮김, 민음사, 2021, 142쪽

소설의 화자는 아프리카의 장엄한 자연을 여성으로, 다시 야만으로 치환한 뒤 그 앞에서 홀려 버립니다. 결국 화자는 아프리카의 검은 마수에 빨려 들어 자신의 모든 인간성을 내려놓게 되면서 다시는 문명으로 회귀할 수 없는 광인이 됩니다.

『암흑의 핵심』의 주인공처럼 제국주의의 초기에는 원시의 자연을 찾아 아프리카나 남아메리카로 들어간 사람들 중에 거대한 숲 안에서 길을 잃고 홀로 죽어간 이들이 종종 있었습니다. 레비-스트로스는 브라질에 도착하면서부터를 다루는 9장 '구아나바라'에서 그 같은 예를 하나 언급합니다. 참, 구아나바라(Baía da Guanabara)는 지명 이름입니다. 브라질 동남부에 있는데요, 대서양을 마주하며 리우데자네이루 주에 위치한 만입니다.

소개되는 사람은 프랑스인 빌게뇽(Villegaignon, 1510?~1571)입니다. 레비-스트로스는 빌게뇽이 이상한 사람이라고 간단히 정리합니다만, 16세기에 아직 완전히 미개척지였던 브라질까지

제3부_열대. 어디에나 있는 근대의 타자

건너갈 정도의 사람이라면 그 성정이며 욕망이 어떠했을지 구체적으로 한번 떠올려 볼 만합니다. 빌게뇽은 가톨릭으로 개종한 직후에 막 유럽을 떠난 모양인데요, 그 직전까지 그는 터키인, 아랍인, 이탈리아인, 스코틀랜드인, 그리고 영국인과 온갖 데에서 싸웠습니다. 스코틀랜드 여왕인 메리 스튜어트와 프랑스 국왕인 프랑수아 2세를 결혼시키기 위해 메리 여왕을 납치할 정도였다고 하니, 자기 야망을 위해서는 물불 가리지 않고 마구 일을 저지르는 스타일이었을 것입니다. 자기 과시를 좋아했던지, 어쩌다 하게 된 군대의 건축기사일 같은 것에 만족을 못하고 돌연 브라질로 떠나게 되었는데요. 가리지 않고 신세계를 개척할 사람들을 모았는데, 너무나 성급했던 탓에 죄수는 태우고 식량은 빠트리는 등 엉망진창으로 일을 진행시켰습니다. 그러니 대서양을 건너, 문제의 농무지대를 통과할 때까지 배 안에서 어떤 일이 일어났겠습니까? 변질된 식수, 발생한 괴혈병에 싸움까지 일어나니, 모두가 끔찍한 고생을 했겠지요.

　브라질에 도착한 빌게뇽은 갑자기 프로테스탄트들의 보호자임을 자처하면서 유럽에 원조를 구하기도 하고요. 또 구아나바라 만 중앙의 섬에 원주민을 부려서 성을 세워 놓고, 유럽의 망명객들 사이에 왕으로 군림하기도 했습니다. 하지만 식량 동원이나 축성에 원주민을 지나치게 착취하느라, 주민은 도망갔고 촌락은 황폐해졌습니다. 그는 브라질 안의 가톨릭교도와 프로테스탄트들 사이에서 발생한 종교 분쟁에 이리저리 휘둘리기도 했고요. 이렇게 점점 세력도 잃고, 과대망상에 빠지게 된 것 같은데요. 이때부터 그는 원래의 즉흥적인 성품대로, 자기 마음에 들지 않는 사람들을 학대하고 학살했습니다. 결국 빌게뇽은 모든 이들의 증오의 대상이 되어 열대 속으로 사라졌습니다.

빌게뇽처럼 유럽의 많은 천덕꾸러기들에게 신세계는 분명 자기 마음대로 왕국 하나쯤 지어 볼 수 있는 황금의 땅처럼 느껴졌을 것입니다. 그들은 '유럽인'이니 함부로 타지의 자연이나 사람을 대해도 괜찮다고 생각했겠지요. 하지만 그 끝은 빌게뇽과 같은 비참한 자멸이었습니다. 빌게뇽은 결국 사람을 굶겨 죽이거나 때려 죽이는 일에 아무런 양심의 가책도 느끼지 못하는 괴물이 되었어요. 레비-스트로스는 빌게뇽 이야기를 열대가 낳은 비극으로 보지 않습니다. 런던이 되었든 아마존이 되었든 주변의 동식물이나 사람과 어떤 관계를 맺을지를 성찰할 수 없는 인간은 광인이 되기 마련이니까요.

농무지대 즉 미지의 저편으로 넘어가려는 이에게 필요한 것은 용기입니다. 유럽인에겐 열대가, 또 누군가에겐 어떤 장소가 미지가 되겠지요. 그러나 누구의 열대이건, 열대는 발견되기를 기다리는 추상적인 신세계가 아닙니다. 그것은 풍경의 세부에 눈길을 두는 자에 의해 또다시 해석될 구체적이고도 풍요로운 세계입니다. 그 안에 존재하는 모든 것들이 나에게는 타자임을 깊이 이해하면서 세심하고도 성실하게 관찰할 때에 비로소 우리는 타자와의 관계를 열어 갈 길 하나를 발견하게 될 것입니다.

2. 여행, 자기를 탈중심화하는 길

레비-스트로스가 빌게눙을 언급한 것은 그를 반면교사로 삼기 위해서입니다. 그러면 과연 레비-스트로스는 농무지대를 넘어가서 어떻게 여행했을까요? 그의 여행법이 궁금합니다.

레비-스트로스가 처음으로 발을 내딛은 남아메리카의 도시는 리우데자네이루입니다. 이 도시에 도착하자마자 레비-스트로스는 뜨거운 대륙이 아니라 자신의 상태 변화를 냉정하게 바라보았습니다. 자신이 변하고 있었던 거지요. 후덥지근한 열기는 항상 입고 있던 모직 옷을 벗게 하였고, 거리로 늘 뭔가를 쏟아 내고 있는 듯한 도심의 가게들은 공간의 안팎에 대해 다르게 생각하게 해주었습니다. 길이란 모름지기 나와 남의 공간을 구분해 주는 기준점이어야 하지 않습니까? 그런데 리우데자네이루에서 길은 가게나 부엌의 연장이기도 하고, 가축과 이방인이 함께 말을 섞고 먹을 것을 주고받는 공동적 공간이었습니다. 레비-스트로스는 나와 남을 구분하는 방식, 나의 것과 남의 것을 나누는 방식에 대한 전혀 다른 정의 속으로 말려 들어갔습니다.

보통 우리는 여행을 공간의 이동으로 생각합니다. 그런데 레비-스트로스에게 여행은 떠나는 이가 서서히 다른 존재가 되어 가는 경험이었습니다. 우리는 자신이 출발한 곳의 습관과 태도를 가지고 여행을 할 수는 없으니까요. 낯선 조건에 맞추어 자기를 자꾸 바꾸어 내야 합니다. 물질적 조건도 달라지지요. 파리에서는 가난한 학생이었던 그가 리우데자네이루에서는 부자가 됩니다. 2차 대전 말기에 레비-스트로스가 미국으로 도망을 갔던 이야기는 앞에서 말씀드렸지요. 이때에도 비슷했습니다. 학살의 위협에 처했던 한낱 비인간, 유럽의 유대인은 대서양을 건너자마자 아메리칸 드림을 좇아 전 세계에서 건너온 이민자들과 마찬가지 처지에 놓이게 되지요. 우리 각자의 정체성을 규정하는 조건은 장소에 따라 얼마든지 달라집니다.

여담입니다만 빌 브라이슨이라고 재치 있고 박식한 문화 탐사가가 있습니다. 그가 40대 중반에 친구와 함께 미국 동부의 애팔래치아 트레일을 다녀오게 되었는데요, 여행에 앞서 정말 많은 등산 장비를 구입합니다. 배낭, 침낭, 비옷, 코펠, 다목적 칼 등. 그런데 그는 정작 숲속에서 결정적일 때 그 모든 것이 다 쓸모없겠다는 것을 알고 크게 당황합니다. 북미의 깊은 숲에서는 곰이야말로 한 번쯤 만날 수밖에 없는 등산객의 운명인데, 그 한 번의 순간에 저 많은 장비가 무슨 소용이 있겠습니까? 식욕 왕성하고 호기심 많은 곰에게 인간이란 그저 야구 모자를 쓴 먹을거리로밖에 보이지 않을 테지요. 숲에서 필요한 것은 멋진 등산화와 방수 잘되는 배낭이 아니라 곰을 마주쳤을 때의 운입니다. 운에 기댈 수 없다면 곰을 피하며 사는 다른 동물들처럼, 풍향의 변화나 곰의 흔적에 밝은 눈을 가지려고 노력해야겠지요.빌 브라이슨, 『나를 부르는 숲』 홍은택 옮김, 까치, 2018 참고

다시 리우데자네이루로 돌아오면요, 이렇게 달라진 여행자에 의해 이번에는 여행지 자체가 또 변화합니다. 흥청망청 돈을 쓰며 자신의 재력을 과시하려는 유럽인들 때문에 리우데자네이루의 풍모에도 조금씩 변화가 일어나니까요. 빌 브라이슨의 숲에서도 등산객의 편의에 맞게 조금씩 산장이 새로 생기거나 길의 위치가 달라지게 되지요. 레비-스트로스가 보기에 리우데자네이루는 점점 더 유럽화되고 있어서 그 문화 고유의 광경 같은 것이 없어지는 중이었습니다. 레비-스트로스는 '리우데자네이루' 그 자체라는 것은 있을 수 없음을 알 수 있었습니다. 유럽의 기계 문명이 다른 모든 문명들을 압도해 가고 있어서, 프랑스에서 온 자신이 그 무자비한 행보에 한몫을 한다는 것도 느낄 수 있었지요. 레비-스트로스가 보기에 인간의 손이 가해진 자연 그 자체, 유럽인의 발자국이 찍혀 있지 않은 원시 그 자체란 없었습니다. 우리에게는 언제나 나와 함께 경험되는 공간, 그 장소와 함께 다시 구성되는 나가 있을 뿐입니다.

여행이란 여행자와 여행지 둘 다에게 어떤 변화를 초래하는 경험입니다. 레비-스트로스는 어떤 장소도, 어떤 인간도 그에 대한 규정 자체가 끊임없이 계속 바뀌고 있다는 점이야말로 여행을 통해 얻을 수 있는 최고로 중요한 통찰이라고 생각했습니다.

이 지점에서 우리가 더 생각해 볼 것이 있습니다. 레비-스트로스에게는 이러한 정체성의 변화가 그 자체로는 중요하지 않았습니다. 세계가 변한다, 나도 변한다. 그 자체를 확인하기 위해서라면 주말에 기차를 타고 파리 근교로 나들이를 하는 것만으로도 충분할 테지요. 굳이 여행을 가지 않더라도 인간은 이미 타자들과의 만남을 거듭하고 있으니까요. 리우데자네이루에서 레비-스트로스는 이러한 변화들을 일으키고 만들어 내는 인간 의식의 공통적 작동방식 같은 것은 없을까 생각해 보게 되었습니다. 레비-스트로스는 계속해서 자기 모습을 바꾸는 중인 신대륙의 입구에서 열대의 더 멀리로, 더 깊은 곳으로 가야 한다는 생각이 들었습니다(이 꿈은 『슬픈 열대』 8부에서 실현됩니다). 다른 세계와의 만남이 광대무변한 이 지구에서의 삶에 근본적 조건이라면, 그 변화를 보다 넓게 바라보면서 인간 의식의 근원적 모습을 이해하고 싶었던 것이죠.

이제 레비-스트로스의 여행법을 정리해 보겠습니다. 레비-스트로스는 무엇보다 자신이 들어가고 있는 낯선 세계가 자신을 통과해서 다시 표현되는 세계라는 점을 놓치지 않습니다. 그래서 레비-스트로스는 새로운 식물학의 표본들을 펼쳐 놓는 우림과 난데없이 솟아오르고 문득 끊어지는 산세의 여기저기를 조망할 때에도 그 풍경을 자신이 걸었던 다른 풍경과 함께 커다란 스펙트럼에서 함께 보고 이해하려고 노력합니다. 상이한 풍경 속에서 발견되는 공통적인 요소들, 방식들을 찾아내려고 애쓰지요. 이것이 단순한 문화 비교에 그치지 않는 이유는, 레비-스트로스가 두 세계를 종합하면서 증류하려고 애쓰기 때문입니다. 레비-스트로스가 궁극적으로 알고 싶은 것은 풍경을 만들어 내고 그것으로부터 영향받는 인간의 의식입니다.

하나 더 강조해 두고 싶습니다. 레비-스트로스는 남아메리카 사람들의 문화에만 관심을 두지도 않습니다. 『슬픈 열대』를 읽다 보면 레비-스트로스가 얼마나 식물학, 광물학에 뛰어난 지식을 갖고 있는지 알게 됩니다. 인류학이라는 학문의 선구자로서 그는 인류와 함께 진화해 온 자연의 온갖 것들에 대한 멈출 줄 모르는 호기심을 갖고 있었습니다. 앞서 잠깐 말씀드렸던 빌 브라이슨의 애팔래치아 트레일 여행기도 낯선 북아메리카의 숲을 탐험한 이야기입니다. 애팔래치아 트레일은 미국 동남부의 조지아 주 스피링어 산에서 시작해서 동북의 끝 메인 주 캐터딘 산에서 끝납니다. 남북으로 전체 트레일이 3,448킬로미터라고 하니 한반도가 몇 개나 들어가는 길이입니다. 그 산세 변화가 어떻겠습니까? 그런데 『나를 부르는 숲』에는 각각의 위도나 고도에 따라 달라지는 숲의 지세가 자세히 나오지는 않습니다.

빌 브라이슨의 식견이 부족하다는 말씀을 드리려는 것은 아닙니다. 내가 처음 본 대상을 묘사한다는 것은 어렵습니다. 나의 언어는 내가 일상을 꾸려 나가는 이 세계와 함께 만들어집니다. 그러니 북미의 낯선 숲에 갑자기 들어간 그에게 숲을 표현할 언어가 많이 없는 것은 당연하지요. 이것은 단지 식물학에 조예가 있고 없고의 문제는 아닙니다. 그 시공간을 채우고 있는 사물들에 대한 이해와 함께 그 사물들과 관계 맺는 방식과 느낌에 대한 언어가 있느냐 없느냐입니다.

우리나라 최초의 서양 여행기라고 할 수 있는 유길준의 『서유견문』(西遊見聞)은 서양의 풍속을 다채롭게 소개합니다. 그런데 유길준에게는 19세기 말 서유럽의 정치문화나 사교풍습 같은 것을 포착할 언어가 많이 없었습니다. 유길준은 자신의 느낌을 표현할 언어를 잘 찾지 못합니다. 비슷한 시기에 쓰인 민영환의 『해천추범』(海天秋帆)도 마찬가지입니다. 낯선 서양에서 받은 충격을 묘사할 길이 없어서 그의 일기에는 몇 날씩 날짜만 쓰여 있기도 했습니다. 완전히 새로운 시공간 앞에 놓여 있을 때, 그것을 거리를 두고 의식으로 정리할 수 있으려면 그 세계에 대한 많은 정보가 필요합니다. 아니면 자기 식으로 쌓아 둔 정보들을 조합할 여유로운 시간이 필요하지요. 그러나 서양 열강의 침입과 일본 제국주의의 압박 아래에서 민영환은 닥쳐올 근대라는 세계를 소화할 여유를 가질 수가 없었습니다. 그래서 그의 눈에 비친 서양은 막연하고 모호하게 표현될 수밖에 없었습니다.

인류 최초로 달의 뒷면을 보았던 우주 비행사 마이클 콜린스는 자신의 그 위대한 감동을 표현할 언어로 '고독'을 떠올립니다. 그런데 그냥 '고독'입니다. 콜린스는 '고독'이라는 말을 한 번 언급하고, 우주선에서 혼자 있었던 그 시간이 '좋았다'고 말합니다. 여행에서 가장 클라이맥스라고 할 수 있는 이 부분은 300페

제3부_열대. 어디에나 있는 근대의 타자

이지가 넘는 여행기에서 겨우 반 페이지밖에 할애되어 있지 않습니다. 콜린스는 정말 지구 바깥까지 나갔다가 돌아온 몇 안 되는 인간입니다. 그런데 그의 여행기 『플라이 투 더 문』의 대부분은 우주로 나가기 위한 훈련 과정을 설명하고 있습니다. 인류는 아직 우주 경험을 언어화할 길을 많이 시험해 보지 못하고 있는 것이지요.

레비-스트로스도 마찬가지였을 것입니다. 그에게도 열대라고 하는 시공간을 표현할 언어는 전무했을 것입니다. 그래서 20년 가까이 『슬픈 열대』가 쓰이지 못했을 수도 있습니다. 아마 레비-스트로스는 남미를 다녀온 뒤, 또 다른 여러 문화들 속을 걸어 다녀 본 뒤, 엄청난 인식의 증류 작업 끝에, 비로소 열대를 묘사할 언어를 찾게 되었을 것입니다. 저는 여기서 레비-스트로스의 노력을 강조하고 싶습니다. 낯선 세계와 함께 달라지는 자기를 설명할 수 있는 언어는 하늘에서 뚝딱 떨어지는 것이 아닙니다. 레비-스트로스는 아마 여행의 도중에 쉬지 않고 노트를 썼을 것입니다. 자신이 보고 있는 이 풀이 유럽에서 보던 어떤 풀과 닮았는지, 작열하는 열대의 태양이 만드는 초록색은 과연 어떻게 비유해야 할지, 레비-스트로스는 자신의 언어로 신세계의 낯섦을 깨기 위해서 진정 애썼습니다.

3. 우리는 모두 식인종이다

성급하고 미숙한 백인적 사고와 진지하고 성숙한 열대적 사고의 차이는 무엇 때문일까요? 왜 이런 차이가 발생했을까요?

『슬픈 열대』이후의 연구에서 밝히기를, 레비-스트로스는 호모사피엔스가 타자와의 공생에서 택하는 방법은 크게 두 가지라고 합니다.레비-스트로스, 『우리는 모두 식인종이다』 강주헌 옮김, 아르테, 2015 참고 뱉거나 삼키거나! 뱉기의 방식은 우리 사회에서 쉽게 발견할 수 있습니다. 외국인을 경계하고, 죄인이나 환자를 격리하며, 정상을 기준으로 비정상을 없애려는 노력 같은 것 말입니다. 공동체를 국경이나 민족 중심으로 단일화했던 근대 국민국가 시스템 안에서는 비일비재했지요. 그 극단적인 형태가 2차 세계대전 중에 있었던 홀로코스트입니다. 나치에 의한 전체주의는 자민족중심주의를 극도로 밀어붙이면서 불결한 유대인을 절멸시키기 위한 수용소를 만들었습니다. 레비-스트로스는 인류학의 관점에서 홀로코스트를 특별한 일이라고 보지 않았습니다. 역사의 어떤 민족들에게서나 발견되는 '뱉기'의 한 종류라고 보았습니다.

『슬픈 열대』에서 농무지대를 통과한 유럽인들 역시 '뱉기'

의 방식으로 사고했음을 알 수 있습니다. 이들은 낯선 것들을 이해하고 받아들이기 위해 노력하기보다는 그저 나와 무관한 것으로, 별 관심의 대상으로 보지 않으며 함부로 대했던 것입니다. 열대의 원주민들과는 '함께' 살 생각 같은 것은 하지 않았기에 그들을 자기 필요에 따라 이용하거나 쓸모없으면 마구 대했습니다.

'삼키기'란 어떤 것일까요? 삼키기의 대표적인 예가 '식인'(食人)입니다. 한때 식인은 미개적 습속이라며 소위 문명화된 나라들로부터 혐오 섞인 조롱을 받기도 했습니다. 그런데 수많은 인류학의 연구가 보이고 있듯 '식인'은 자연적('동족을 먹는 동물들이 있다')이거나, 우발적인('문명으로 제어되지 못한 폭력성의 발로') 현상이 아니라 철저히 문화적인 현상입니다.

1932년까지 뉴기니 중앙 산악 지역은 지구에서 알려지지 않은 마지막 몇 지역 중의 하나였습니다. 오스트레일리아의 지배를 받기 전 이 지역에서 살았던 부족들 사이에서는 식인 풍습이 있었다고 합니다. 그런데 그들이 가까운 친척의 시신을 먹는 것은 고인에 대한 사랑과 존경을 표현하기 위해서였어요. 그들은 고인의 살과 내장 그리고 뇌를 익혀 먹었고, 빻은 뼈를 채소와 함께 조리해 먹었습니다. 이 부족 외에도 고인의 신체를 먹는 부족은 많이 있다고 합니다. 물론 식인 풍습은 먹을 것이 없었을 때 식량을 보충하는 수단 혹은 인간의 살에 대한 어떤 욕구 때문이었을 수도 있습니다. 그러나 대부분의 경우는 죄인의 징벌, 적에 대한 복수를 위해서 즉 정치적 이유 때문이거나, 가까운 가족을 먹을 때처럼 고인을 삼키면서 다시 돌아올 수 없도록 하는, 즉 멀리 보내기 위한 의례적 이유 때문이었습니다. 또 치유의 수단이기도 했습니다.

레비-스트로스는 두 가지 점을 주목한 것 같습니다. 첫째는 식인은 근본적으로 문화적 행위라는 것입니다. 둘째, 문화적 행위라는 점에서 보면 인류가 식인의 다양한 양식을 발견했음을 확인할 수 있다는 것입니다. 우리 시대에 생명연장의 수단이 되고 있는 장기 이식, 대리모 출산의 시험관 아기가 그 대표적인 예가 되겠지요. 절박한 수술에서의 수혈도 그렇습니다. 타인의 신체 일부를 재활용하거나 자기 신체를 복제 영속시키려는 노력은 개념적으로 보면 식인입니다.

그래서 레비-스트로스는 '우리는 모두 식인종이다!'라고까지 말합니다. 레비-스트로스는 삼키거나 뱉는 유형을 각각의 문화가 선별해서 채택하는 것은 아니라고 봅니다. 문화마다 두 유형은 정도를 달리하며 섞여 있고, 표면적인 층위에서 둘 중 하나가 강세를 띠고 드러날 뿐입니다.레비-스트로스, 『우리는 모두 식인종이다』 참고

잠시 호모사피엔스의 초기 문화로 돌아가 보겠습니다. 타자를 내 인정욕망을 투사할 거울 같은 것으로 보지 않으려는 훈련을 하는 문화, 타자와의 관계를 보다 적극적으로 고민하는 문화는 어디 없을까요? 놀랍게도 많았습니다. 심지어 최초의 동굴벽화가 그려졌다고 하는, 다시 말해 인류 최초의 철학이 표현된 장에서도 가장 중요한 문제는 타자와의 관계였습니다. 라스코 동

굴 벽화를 봐주세요.

라스코 동굴벽화
(위) 동물의 인간
(아래) 몇 겹으로 그려진 황소

보통 고대 예술의 시점은 32,000년 전까지 거슬러 올라갑니다. 동물의 뼈, 상아, 뿔을 이용한 여러 가지 조형물 그림 등이 동굴(쇼베, 알타미라, 라스코, 코스케 등) 안에서 발견되기 때문입니다. 그 중에서도 갤러리와 전체 통로의 길이가 240미터나 되는 라스코 동굴에는 2,000여 이미지 중 900개의 동물 그림이 있구요. 그 밖에도 여러 가지 추상 기호가 많이 발견됩니다. 무엇보다도 동굴의 가장 비밀스러운 부분에 인간이 그려져 있습니다.

이 동굴 안에서 석기 시대 인류는 무엇을 했을까요? 일단 근처의 쇼베 동굴에서도 그렇지만 동물 그림이 이토록 많은 까닭은 증식의례가 거행된 흔적으로 보입니다. 수렵 사회에서 사냥을 할 때에는 동물의 생태리듬을 잘 따를 필요가 있겠지요. 증식의례란 주로 동물들이 동면에 들어갈 동안 내년에도 더 많은 동물을 잡게 해달라는 기도를 보내는 의식입니다. 서양의 추수감사절이나 우리의 추석처럼 조상님께 드리는 감사 의례인데 이 '조상님'이 단지 인간만이 아니라 내가 먹고 먹을 동식물 전체라는 점이 특징적이지요.

그럼 그림을 보실까요? 잘 보시면 현실의 동물을 묘사하고 있지 않습니다. 황소들은 몇 겹으로 그려져 있습니다. 특히 이 그림에 사용된 안료는 몇백 킬로미터 밖에서 가져온 물질을 불 등으로 재가공해야 했던 것이어서, 아무나 기분 내킬 때 들어와 그린 것은 아님을 알 수 있습니다. 동굴 안에 여성의 도상이나 여성과 관련된 형상 같은 것이 없기 때문에 주로 남성으로 이루어진 샤먼들의, 혹은 입사의례를 치러야 하는 남자 아이들이 들어가서 그림을 그리지 않았나 추측됩니다.

흥미로운 것은 역시 동굴의 인간이죠. 그는 내장을 내놓고 죽어가는 황소 옆에 누워 있습니다. 그런데 동굴의 다른 동물들이 대단히 사실적으로 그려진 점에 비하면 이 인간은 너무나 기호적으로 표현되어 있습니다. 그의 옆에 놓여 있는 새 막대기는 지금도 시베리아 툰드라에 사는 여러 부족들의 샤먼이 갖고 있는 도구라고 하니까, 아마 이 사나이도 샤먼일 가능성이 높습니다. 그런데 얼굴을 잘 보면 인간이 아닙니다. 새지요. 새의 얼굴을 한 인간이 죽어가는 동물과 함께 있습니다. 고대의 동굴벽화에 그려진 인간들 중에는 반인반수가 많습니다. 고대인에게 인간다움이란 그의 머리에 있는 것이 아니라, 그의 사지(四肢)에 있는 것도 흥미롭지요. 동물들의 증식을 기원하는 동굴의 저 심층에서는 생이 아니라 죽음이 자리하고 그 자리에서 인간은 새와 섞여 들어가고 있는 것입니다.

인류학자 나카자와 신이치(中沢新一, 1950~)는 라스코 동굴이 샤먼의 영력을 높이기 위한 공간이라는 점과, 특히 입사의례에 이용되었을 가능성을 중요하게 언급합니다. 비로소 어른이 되어 마을에서 제 몫을 해야 할 이 존재는 라스코 동굴 저 깊은 곳까지 내려간 다음, 생과 사가 연결되어 있고 인간과 새가 함께라는 사실을 깊이 이해하고 돌아와야 했던 것입니다. 인간의 삶에서 다르고 또 다른 것, 생 자체가 일상적으로 품을 수는 없는 바로 그것, 그것은 죽음이겠지요. 라스코 지방의 고대인들은 타자 중의 타자인 죽음이 근본적으로 우리와 강하게 연결되어 있다는 것을 철저하게 의식하려고 했던 것입니다.나카자와 신이치, 『대칭성 인류학』, 김옥희 옮김, 동아시아, 2005 참고

  조르주 바타유(Georges Bataille, 1897~1962)라는 철학자는 오랜 시간에 걸쳐, 몇 번이나 답사를 하며 라스코 동굴을 통해 인류 무의식을 탐구했는데요. 이 새-인간이 나오는 장면을 포함해 동굴 전체에 대해 다음과 같은 강렬한 인상기를 남기고 있습니다. 새는 인간을 초월한 신적인 차원 전체를 표상하며, 그 새와의 합일을 통해서 인간은 자기 삶을 최고도로 고양시킬 수 있다고 보았다는 것입니다. 바타유 선생님의 감탄에 찬 묘사를 우리도 읽어 보겠습니다.

  내가 강조하는 바는 라스코에서 느끼게 되는 놀라움이다. 이 불가사의한 동굴은 이곳을 찾는 이를 끝없이 깜짝 놀라게 한다. 동굴은 이처럼 기적을 기대하는 마음에 영원히 부응해 주리라. 기적은 예술에서나 열정에서나 가장 심오한 삶의 열망이다. 우리는 종종 압

도당하고 싶어 하는 이런 욕구를 유치하다고 판단하면서도 다시금 욕구한다. 사랑받을 가치가 있다고 여겨지는 것은, 언제나 우리를 깜짝 놀라게 하는 것, 기대하지 못하던 것, 기대할 수 없었던 것이다. 마치, 우리의 본질이란 역설적으로 우리가 불가능이라고 여겨왔던 것에 도달하고자 하는 향수인 듯 말이다. 이러한 관점에서 볼 때, 라스코에는 가장 보기 드문 여건들이 집결되어 있다. (중략) 인류의 청춘은 라스코에서 처음으로 자신의 풍요로움의 폭을 재단했다. 풍요로움의 폭, 다시 말해 기대하지 않았던 것에 다다를 수 있게 한 그 능력의 폭, 즉 경이로움." 조르주 바타유, 『라스코 혹은 예술의 탄생/마네』 차지연 옮김, 워크룸프레스, 2017, 25~26쪽

라스코 동굴의 철학은 석기 시대에서 사라진 것이 아닙니다. 우리 시대까지 면면히 이어져 오고 있지요. 그 대표적인 예가 할로윈과 크리스마스입니다. 10월의 마지막 날 밤인 할로윈은 서양 귀신들이 밤에 막 튀어나오고, 아이들이 귀신 분장을 하면서 집집의 문을 두드리며 사탕을 달라고 하는 날이지요. 크리스마스도 비슷합니다. 다만 아이들이 사탕을 달라고 돌아다니지 않고, 산타클로스가 굴뚝으로 내려와 알아서 선물을 준다는 점이 다릅니다. 아, 차이가 또 있군요. 할로윈 때에는 아이들이 오직 그날만 '나에게 잘해 주지 않으면 혼내줄 거야~'라고 협박하지만 크리스마스 때는 부모들이 일 년 내내 '엄마 말 안 들으면 산타가 선물 안 준다~'라고 겁을 줍니다.^^;

제3부_열대. 어디에나 있는 근대의 타자

레비-스트로스는 서양의 산타클로스의 기원을 기독교에서만 찾을 수는 없다고 봅니다. 예를 들면 크리스마스의 장식에 쓰이는 겨우살이는 드루이드교의 유물이고요, 크리스마스 트리 같은 것도 고대의 나무 숭배라고 하는 신화가 뒷받침된 것이라고 합니다. 밤새 땔 수 있는 굵은 통나무는 케이크로 변형되었고요, 밤새 불을 밝힐 수 있을 정도로 굵은 양초라든가 담쟁이덩굴, 호랑가시나무, 전나무 등 녹색의 잎 장식 같은 것도 로마의 사투르누스 축제까지로 그 기원을 따질 수 있을 만큼 오래된 전통이 있는 것이라고 합니다.

이 모든 전통들이 연결되는 지점에는 그분이 있습니다. 추수가 끝나고 새봄이 오기 전에 마을을 돌아다니며 아이들을 혼내는 할아버지가 있어서, 그분을 달래기 위해 이런저런 장식들이 필요했어요. 크로크미텐 즉 매질하는 할아버지로 불리기도 하셨습니다. 미국 남서부의 푸에블로족에는 '카치나 인형'을 장식하는 관습이 있다고 하는데요. 전통 의상을 입고 가면을 쓴 남자들이 신과 조상을 상징하면서 마을에서 춤을 추면서 아이들에게 상을 주거나 벌을 주었습니다. 확실히 산타클로스는 이들의 변용으로 보입니다.

그런데 왜 어린이에게 상이나 벌을 주는 할아버지 이야기가 이토록 오래 전승되고 있는 것일까요? 왜 어린이일까요? 왜 할아버지일까요? 레비-스트로스의 설명에 따르면 푸에블로족에게는 어린이야말로 카치나였습니다. 선조들이 이주를 하던 어느 시절, 비극적으로 강에 빠져 익사한 원주민 어린아이들의 영혼을 그들은 카치나라고 불렀다는 거예요. 살아 있는 마을의 어른들은 죽어 없는 저편의 아이들을 흉내 내며 현실의 마을 어린이들을 겁주고 달래는 것입니다. 그러므로 변장한 카치나의 귀환을 통해 마을 사람들이 보려고 했던 것은 생사의 깊은 연결입니다.

왜 아이들일까요? 왜 아이들을 어르고 달래면서 마을은 축제를 계속했던 것일까요? 부족의 현실 세계에서 아이들은, 익사한 카치나 이후에 태어났지만 카치나로 간주되면서 삶 안에서 활동하게 됩니다. 그러나 입사하지 않았다는 점에서 아직 그 문화의 행위 주체는 아닙니다. 정확히 말하자면 생과 사를, 문화와 자연을 동시에 살아내고 있는 이중적 존재라고 할 수 있습니다. 그러니 죽음을 맞기 위해서 축제에서 산 자가 나설 수 없을 때, 이중적 존재인 아이들이 마을의 대표자 역할을 하게 되는 것이지요. 이 의례 기간 동안 아이들은 애완동물이나 다름없던 마을의 기식자(寄食者, parasite) 역할을 내려놓고, 문득 부족의 대표자가 되어 죽음과 새로 관계 맺고 죽음을 달래는 역할을 하게 됩니다.

죽은 자가 된 어른이 산 아이들을 가르치는 푸에블로족은 이 연극을 통해 무엇을 얻으려고 했던 것일까요? 할로윈도 크리스마스도 타자인 죽음이 주인공인 명절입니다. 연극의 끝에 가면을 쓴 어른들은 숲으로 돌아갑니다. 아이들을 잡아먹으려고 했지만 아이들이랑 치고받으며 노는 사이에 그 마음을 접고 벌과 선물을 교대로 주고 사라지지요. 여기서도 핵심은 죽음을 연출하기, 죽음과 관계 맺기입니다. 대부분의 이런 죽음의례는 실제로 연희 중에는 죽은 자와 산 자는 서로가 서로를 혼내기도 하고 달래기도 하면서 몇 번이나 위치를 바꾼다고 합니다. 산 자는 끊임없이 타자인 죽음을 연출했던 것입니다. 매년 반복되는 이 의례를 치러 가면서 아이들은 마을의 어른이 되어 갔을 것입니다. 자기가 출발했던 세계, 언젠가 돌아가야 할 세계, 그 죽음과의 본원적 관계를 강렬하게 겪으면서요.

우리 시대에도 흰 수염의 산타클로스가 굳이 아이들을 달래는 이유는 아이들을 미정형의 존재, 죽음과 가까운 존재로 바라보았던 고대의 관습이 이어지는 까닭입니다. 산타클로스는 빨간 옷을 입는다는 의미에서 왕입니다. 그는 거의 군주나 할 법한 방식으로 자신의 신민인 아이들에게 한정 없는 선물을 증여합니다. 그런데 이 할아버지의 원형은 로마 시대 사투르누스 축제^{현대의 크리스마스 무렵에 행해지던 고대 로마의 축제, 농신제}까지 올라갑니다. 그런데 사투르누스 축제는 원래 원귀(冤鬼), 예상치 못한 폭력으로 무덤도 없이 죽어야 했던 이들을 달래는 축제였다고 합니다. 그래서 사투르누스 축제의 왕은 사투르누스를 구현하며 한 달 동안 온갖 무절제를 허용한 뒤에 장엄하게 신의 제물이 됩니다. 그런 사투르누스가 어린아이 잡아먹기를 좋아했습니다. 이해됩니다. 어린아이를 잡아먹는 신의 테마도 역시 '죽음을 달래다'라는 의식에서 나왔겠지요.

　이 사투르누스 뒤에 다양한 방식으로 어린이를 먹거나 달래는 신들이 나왔습니다. 지하 세계의 뿔 달린 도깨비로 어린아이들에게 줄 선물을 운반하는 스칸디나비아의 율레보크, 어린아이를 되살려내고 선물도 주는 성 니콜라우스, 어린아이를 죽이는 역할을 포기하고 결국 벌과 선물을 주면서 사라지는 카치나. 이들 모두는 12월의 신입니다. 아마 겨울의 끝과 봄의 시작을 준비하면서였겠지요. 이들은 모두 어린이를 찾아다니며 어린이와 함께 다음의 봄을 준비합니다. 삶은 이처럼 최후의 타자인 죽음과 함께 열리고 또 새로이 열립니다.레비-스트로스, 「산타클로스의 처형, 1952년」, 『우리는 모두 식인종이다』 참고

　우리 시대 산타클로스는 카치나처럼 죽음을 직접 환기시키는 존재는 아닙니다. 어른들은 산타클로스가 있다는 것인지 없다는 것인지 늘 모호하게 알려주지요. 산타클로스를 통해 자기 능력을 과시하려고 할 뿐, 뭔가를 가르치거나 벌주려고 하지는 않습니다. 물론 원시의 카치나나 매질하는 할아버지의 가르침은 '부모 말'에 국한되지도 않았습니다. 고대의 산타클로스들은 생의 저편에서 오는 자, 그는 가르치기보다는 보여 주었겠지요. 우리의 좁은 시야 너머에 있는 위대한 어둠을.

　어쨌든, 그럼에도 불구하고 어른들은 산타클로스가 되기 위해 기꺼이 변장을 하고 아이들에게 잘 보이기 위한 수고를 아끼지 않습니다. 어른들은 일회적이고 과시적이기는 해도 그 장난

감이 다른 세계로부터, 일상에는 없는 세계로부터 왔다는 사실을 무의식적으로 인지하고 있는 것이 아닐까요?

　레비-스트로스는 백인적 사고와 열대적 사고의 차이란 죽음이라고 하는 저편의 영역까지를 공생의 무대에 포함시키느냐 아니냐에 있다고 보았습니다. 나의 먹음은 나의 먹힘과 관계 있으며 삶은 탄생과 소멸의 거대한 장 위에서 창발하는 무엇입니다. 유한한 이 삶이 무한한 것들과의 관계 속에서 고유한 모습을 만들었다 허문다는 것을 이해할 때, 우리는 식인종으로서 서로를 그 근원적 유한성 위에서 바라보게 됩니다. 그러고 나면, 나를 살리는 것과 나를 죽이는 것 모두에게 감사할 수밖에 없게 되겠지요.

제4부

문명은 소외를 반복한다

1. 전신선을 따라 황폐해지는 세계

레비-스트로스는 1935년 후끈시큼한 남아메리카 신세계에 도착합니다. 이제부터는 앞 장에서 설명드린 것에 바탕을 두고, 레비-스트로스가 20년 동안의 고민을 풀어 가는 과정과 그 결과를 조금 더 현장감 있게 설명드려 보겠습니다.

참 재미있지요, '신세계'라니요. 지구 입장에서 보면 다 여기저기에 흩어져 있는 대륙들일 텐데 어떤 곳은 '옛-대륙'이라 하고 어떤 곳은 '새-대륙'이라고 하니까요. 이처럼 이름 붙이기엔 다 명명자(命名者)의 이해가 들어갑니다. 신대륙이란 구대륙 유럽인들의 눈에 뭔가 이용할 거리가 많은 천연의 땅이라는 뜻이었습니다.

레비-스트로스는 1935년 상파울루에서부터 신세계를 경험해 들어갑니다. 『슬픈 열대』 3부의 11장 '상파울루'와 4부 「대지와 인간」은 열대 깊숙이로 들어가기 전 신세계의 표면을 훑어가는 장입니다. 그런데 레비-스트로스는 첫 대면에서부터 '이건 아니다~' 싶은 느낌을 받습니다. 구세계에서부터 신세계로 떠나왔으니 분명 아메리카는 유럽보다 더 세련되고 우아해야 마땅할 테지요. 하지만 실상은 전혀 그렇지 않았습니다. 상파울루는 유행이 휩쓸고 지나가기에 바빠 불과 몇 주 전에 산 지도도 쓸모없을 정도로 정신없는 변화가 일어나는 도시였습니다. 레비-스트로스의 눈에 그 모든 천지개벽의 과정은 거칠고 상스러워 보였습니다.

상파울루만이 아니었습니다. 레비-스트로스는 1941년에 뉴욕과 시카고를 방문했는데요, 이때에도 같은 환멸을 느꼈습니다. 이들 아메리카의 도시들은 과도한 문명화의 열병을 앓고 있는 환자 같았어요. 도시는 새로운 외관 걸치기에 바빴지만 사람들의 얼굴에는 피로와 환멸이 가득했고요. 참 이상합니다. 유럽에서는 사람들이 휴가철마다 2,000년도 더 된 로마 유적지를 순례하며 문명을 찬미하는데, 어째서 신대륙은 이렇게 타락에 타락을 거듭하는 중일까요? 레비-스트로스는 신대륙에서 진행되는 문명화 과정을 쓸쓸하게 지켜보면서 '진보'라는 말을 다시 생각해 보았습니다.

레비-스트로스는 '진보'라는 신세계의 황폐화를 이해하기 위해 현미경과 망원경을 들고 사태를 관찰하기로 합니다. 우선 가까운 곳부터 자세히 살펴보기로 했습니다. 1935년부터 1938년까지 레비-스트로스는 상파울루 대학의 교수로 근무했습니다. 그의 주변에는 늘 신세계의 신인(新人)인, 진보의 기수 대학생들이 있었습니다. 유럽식 학제로 중무장한 대학이니 학비는 오죽 비쌌을까요? 유복한 처지의 학생들은 학업에 대한 열의가 대단했습니다. 하지만 잘 들여다보니 씁쓸하기 그지없었습니다. 학생들이 공부를 하는 최우선의 이유는 출세에 있었고, 프랑스 지식은 졸업장을 돋보이게 해줄 장식에 지나지 않았습니다. 그들은 지식을 받아들이고 자기 안에서 성숙시킬 최소한의 시간도 아까워하며 유럽산(産) '새 것 새 것'만 찾아다니고 있었습니다.

그래서 성찰과 사색으로 채워져야 할 학생들의 논문은 온통 플라톤, 아리스토텔레스, 오귀스트 콩트의 인용문으로 덕지덕지 도배되어 있었습니다. 그런 철학자들이 다 무슨 소용이란 말입니까? 학생들은 그런 고매한 이름의 권위를 자기 이력의 보충재로 만들기 위해 치열한 경쟁을 마다하지 않았고, 유럽에서 온 교수들을 이용해서 출세의 사다리를 타려 했습니다. 타인의 삶을 자기 물욕 채우기의 도구처럼 바라보는 이기적이고 매정한 지식을 얻기 위해 발악하고 있다는 것을 아무도 생각하지 않는 듯했습니다. 저의 짐작이기는 합니다만, 레비-스트로스는 상파울루 대학에서 큰 자괴감을 느꼈을 것입니다.

레비-스트로스는 브라질의 대학 시스템을 독이 든 성배 같은 것이라고 보았습니다. 남아메리카의 청춘들이 얼마의 비용을 들이든 간에, 어느 정도로 유럽 지식을 소유하게 되든지 간에, 그들은 평생 프랑스에 갈 일이 없어 보였거든요. 더 안타까운 것은 포장지만 화려한 그 지식이 브라질 안에서는 딱히 쓸모도 없으리라는 점이었지요. 자신의 눈으로 세계를 이해하려 애쓰기보다는 누군가의 편협한 주장을 무조건적인 진리로 받아들이는, 대

제4부_문명은 소외를 반복한다

학을 졸업해도 여전히 문맹자에 지나지 않게 하는 제국주의적 지식이었습니다. 그런 지식은 쥐면 쥘수록 자기 소외로 이어질 것이 뻔했습니다. 하지만 이런 걱정은 모두 레비-스트로스의 몫! 신대륙의 신인들은 그러거나 말거나였습니다. 그들이 진정 원하는 것은 겨우 '유럽 사람들처럼' 벌고 쓰는 삶에 지나지 않았거든요.

그다음으로 레비-스트로스는 망원경을 써 보았습니다. 상파울루 바깥으로 시선을 돌린 것입니다. 그는 수업이 없는 주말을 틈타 상파울루 바깥으로 필드워크를 떠나곤 했습니다. 그런데 외곽에서 본 사태는 더 심각했습니다. 소위 기계문명은 열대의 전통을 타락시키기에 바빴거든요. 레비-스트로스의 눈에 제일 먼저 들어온 것은 도로였습니다. 어디서나 자동차가 즐비했어요. 상인과 농부, 어른과 아이, 양과 소가 함께 걷던 길은 오직 문명의 이기인 자동차의 것이 되어 있었습니다. 그런데 최고속 운송 수단인 이 자동차들은 열대의 지형을 하나도 고려하지 않은 도로망 탓에 곳곳에서 발이 묶이고 말았습니다. 비가 오면 진창으로 변해 버리는 도로, 큰 차체에 의해 파인 도로의 진흙 자국은 큰 교통 문제를 일으키곤 했지요. 큰 비가 오면 그 자국에 맞지 않은 차들은 아예 길을 다닐 수도 없었고, 비가 멈추고 땅이 마를 때까지 자동차들은 길에 방치되었습니다.

바닷길은 어땠을까요? 증기선 덕분에 브라질 전통의 양항(良港)들은 고립되어 버렸습니다. 증기선에 실릴 만한 물건 즉

'상품'으로 인정받은 것만 시장을 통과할 수 있게 되자, 전통적인 교역물도 교역방식도 무용지물이 되고 말았고요. 증기선을 관리할 수 있을 정도로 규모가 큰 항구도시가 갑자기 개발되는 동안 그 바다로부터 내륙까지 이어지는 교통망은 여전히 옛것을 활용해야 했는데요. 때문에 제대로 물건을 이어 나를 수가 없어서 항구에는 상품이 쌓여 갔습니다. 열대 깊숙한 곳까지 깔릴 것이 기대되었던 철로도, 전신선도, 풍토와 사람들의 습성을 전혀 고려하지 않은 설계 덕분에 곳곳에서 쓸모없이 버려지고 있었습니다. 브라질 사람들은 전통적인 방식으로 삶을 영위할 기회도, 새로운 방식으로 생을 꾸릴 조건도 박탈당한 채 사람과 물건의 흐름이 끊긴 도처에서 스러져 가고 있었습니다.

무엇이 그리도 급해서 유럽식으로 모든 것을 다 바꾸어야 한단 말입니까? 지금 여기에서의 삶을 도대체 누구의 기준에 맞춰 '개발'하고 있는 것인지, 레비-스트로스는 이해하기가 어려웠습니다. 열대의 사람들은 대지와의 친밀한 관계를 문명화의 대가로 지불했고, 그 결과 얻은 것은 문명으로부터의 '고립'이었습니다. 레비-스트로스는 『슬픈 열대』에서 이 모든 과정이 전신선을 따라 이루어지고 있다고 설명합니다. 전기는 근대 문명의 상징이지요. 그러나 그 빛을 따라 대지는 보다 윤택해지기는커녕 점점 더 불모지가 되어 가고 있는 것이죠. 레비-스트로스가 언급하는 이브 탕기(Yves Tanguy, 1900~1955)의 그림은 '진보해야 한다'는 지상명령에 지친 우리 마음을 표현해 주고 있습니다.

사람의 손이 전혀 닿지 않은 풍경은 그 야성으로부터 의의 깊은 가치를 박탈해 가는 단조로움을 안겨 주게 된다. 그 경치는 인간을 거부하며 인간에게 도전하지도 못하고, 인간의 시선 아래서 없어지게 된다. 한편 영원히 새로 태어날 것 같은 그 삼림 속에서 피카다의 좁다란 길

이브 탕기, 「쓸모없는 빛의 소멸」(Extinction of Useless Lights)

폭, 전신주들의 비틀린 그림자, 전신주들을 이어 주는 전선이 늘어져 생긴 거꾸로 된 아치형, 이 모든 것이 이브 탕기의 그림들 속에서 우리가 보게 되는, 고독 속을 표류해 다니는 조화되지 않은 물체들을 생각나게 한다. 그것들은 인간이 지나갔음과 또 그 인간의 노력의 허무함을 증언하면서, 거기 있음으로 해서 더욱 명료하게 인간이 뛰어넘으려고 애썼던 한계를 보여 주고 있다. 그 시도의 일시적인 성격과 그 시도에 제재를 가했던 좌절은 주위를 둘러싸고 있는 쓸쓸한 황야에 증거가 될 만한 가치를 부여하고 있다.「슬픈 열대」498쪽

2. 문화적 토대로서의 인류 무의식

레비-스트로스는 현미경과 망원경으로 현실의 한 단면을 바라본 결과, 남아메리카가 유럽인과 그들의 추종자로 인해 마구 헤집어져 있는 비참한 장소라는 것을 바로 알 수 있었습니다. 그런데 꼭 그 점만으로는 설명될 수 없는 부분들도 있었습니다. 상파울루 외곽의 개발지에서 일어나는 일들을 관찰해 보니, 사실 브라질의 새로운 풍경을 한 올 한 올 기워 가고 있는 주체는 제국주의의 후광을 등에 입은 당국이 아니라, 각기 다른 욕망을 가진 수많은 사람들이었던 것입니다.

예를 들면 이렇습니다. 브라질 외곽의 신도시들은 보통 유럽의 여러 이권 업자들에 의해 개발이 시작되었는데요, 그들이 광산이라든가 철도나 도로 등의 부설을 약속하고 개발권을 가져가는 식이었습니다. 광업은 지하에 매장된 광물의 사용가치보다는 그 광물을 채굴하고 제련하는 데에 농업과는 비교도 되지 않을 정도로 많은 자금과 인력이 필요한 산업이지요. 그러다 보니 광산 개발이 시작되면 그 일대가 갑자기 큰 호황을 맞게 됩니다. 광부들의 숙소와 식사, 여가를 해결해 주기 위해 도시 하나가 뚝

딱 만들어지지요. 막대한 투자금을 회수하려는 자본가들의 욕망은 이 도시를 플랑부아양 양식, 바로크 양식 등 온갖 화려한 유럽식 모습으로 채색했습니다. 초기 브라질의 많은 탄광 도시들이 그렇게 일어났던 거예요. 하지만 광맥이 끊어짐과 동시에 이 도시들은 급속한 쇠락의 길을 걸어야 했습니다. 레비-스트로스가 보기에 버려진 광산 도시는 혼수상태에 빠져 있는 듯했습니다.

일단 이렇게 보면 도시를 폐허로 만들고 브라질 사람들을 거의 유랑민이나 다름없이 다시 밀림을 헤매게 한 책임은 분명 이기적인 자본가들에 있다고 할 수 있습니다. 하지만 그 도시에 이익을 보고 밀려 들어간 사람이 꼭 인디언들인 것은 아니었어요. 수많은 유럽의 이민자들이 한탕을 노리기 위해 탄광 주변으로 몰려들었지요. 철도와 도로 부설권을 약속한 한 영국계 회사 덕분에 도로 근처의 계곡이 개발된 적이 있었습니다. 한 면은 도로에 맞닿고 다른 한 면은 골짜기 밑바닥에 흐르고 있는 시냇물에 이어진 마을이 하나 들어서게 된 것입니다. 갑자기 개간된 이 땅에서는 엄청나게 많은 수확이 가능했습니다. 레비-스트로스가 자세히 살펴보니 마을 사람들 대부분은 독일인, 폴란드인, 러시아인, 몇 안 되는 이탈리아인들이었습니다. 이들은 열대와 온대의 접경지대인 이 땅에서 유럽에서 키우던 작물을 열대작물과 함께 재배하기도 하면서, 밀과 사탕수수가, 아마와 커피가 함께 자라는 동화 같은 풍광을 만들고 있었어요. 레비-스트로스의 눈에 열대는 마치 생물의 배(胚)가 세포로 나뉘고 그 세포가 기능에 따라 분화를 거듭하는 것처럼 보였습니다. 어떤 의도가 가미된 진화과정이라기보다는 각각의 부분이 개별적으로 돌연변이를 일으키고 있는 듯했지요.

게다가 하나의 도시가 생겨나면 농지와 주거지, 상업지와 도로 등의 배치에 따라 그 마을 사람들 사이에는 다시 승자와 패자가 나타났습니다. 예를 들면 이렇습니다. 마을이 어느 정도 규모 이상이 되어 도시화가 진행되면 이제 브라질 사람, 인디언들, 온갖 유럽 사람들이 마구 뒤섞이게 되지요. 그다음부터는 일들이 많아지면서 새로운 도시 구획이 일어나게 되고 그 안에서 없던 욕망이 나타나 사람들의 상식과 습관을 바꾸게 되고요, 그 모든 것에 적응할 수 없는 사람들 중 일부는 낯선 땅으로 다시 이주하게 됩니다. 아무리 자본가가 달려들어 오직 돈만 보고 도시 하나를 만들려고 해도, 그 공간은 통과하는 수많은 사람들의 행위를 통해 제 모습을 갖게 되고, 그 형태를 통해 다시 어떤 유형의 사람들이 만들어집니다. 레비-스트로스는 인간이 자신의 욕망을 기술의 도움을 받아 자연 안에 구현해 내는 도시의 발달사를 떠올리면서 다음과 같이 물을 수밖에 없었습니다. "어떤 신비스러운 힘이 일단의 시민들을 여기저기에 배치하고, 각 지역으로 하여금 하나의 기능을 강요하고, 또 각기 특별한 사명을 갖도록 하는 것일까?" 『슬픈 열대』 264쪽

레비-스트로스는 그 답을 '인류의 무의식'에서 찾았습니다. 인디언이든, 브라질 사람이든, 유럽인이든 각기 살아온 문화적

배경과 역사 경험이 다름에도 불구하고 하나의 도시를 이루기 위해 저마다 힘을 보탤 수 있었던 데에는 인류로서의 어떤 공통 감각이 있었을 것입니다. 태양이 움직이는 방향을 긍정적으로 생각하는 무의식이 유럽인을 해가 뜨는 신대륙으로 몰아세웠다고 할 수 있는 것처럼, 브라질 사람들도 태초부터 인간에게 스며들었던 우주적 리듬을 따라 특정한 개척지에 삶의 희망을 걸기도 했을 겁니다. 레비-스트로스는 상파울루 인근의 여러 개척지를 보면서 인간 행위를 추동하는 것은 개인의 취향이나 욕망을 넘어서 있다고 생각하게 됩니다.

레비-스트로스가 보기에 문제는 '지혜'에 있었습니다. 유럽인들은 인간 경험의 근원적 조건을 받아들이기를 거부했습니다. 조금 다른 각도에서 설명드려 보겠습니다. 레비-스트로스가 사회를 이루고 문화를 축성하는 동력으로 보는 것은 '무의식'입니다. 이렇게 무의식을 강조하게 되면 한 개인이나 집단의 특출난 능력을 중심으로 역사를 바라보지 않게 됩니다. 즉 계몽 의식을 갖춘 시민들의 '프랑스혁명'으로 하나의 역사적 사실을 설명하지 않을 수 있습니다. 『야생의 사고』에서도 설명하는 바이지만, 혁명 당시에 도망을 쳐야 했던 왕족은 특권을 이용해서 무고한 사람들을 착취하는 것처럼 보일 수도 있지요. 하지만 외국과의 전쟁에서 목숨을 걸고 프랑스를 지킨 장군들 역시 왕족이었습니다. 사건은 어떤 각도에서 바라보느냐에 따라 무수한 방식으로 의미를 낳게 됩니다. 그러므로 중요한 것은 사실 자체가 아니라 바라봄의 자리와 방법이 됩니다. 레비-스트로스는 인류사를 신석기혁명(잉여생산의 시작과 국가의 출현)으로 설명하지 않습니다. 인류가 만든 모든 사건은 그 무의식의 수만 가지 활동에 의해 나타난 복합적인 현상이기 때문입니다.

여기서 강조점은 "인간에게 태초부터 스며들었던 우주적 리듬"『슬픈 열대』, 265쪽입니다. 레비-스트로스에게 인간이란, 그 한 사람 한 사람이 태곳적부터 그런 방식으로 길들여 온 리듬을 자신을 둘러싼 구체적 자연과 사물을 통해 다시 표현해 내는 존재입니다. 위의 인용문을 통해 레비-스트로스는, 내가 있고 나와는 다른 타자들이 점점이 흩어져 있는 인간 공동체 같은 것을 상상하지 말자고 말하는 셈입니다. 또한 나 바깥에 내가 의지를 부려서 행위를 실현시킬 수 있도록 덩그러니 놓여 있는 외부 환경 같은 것도 없다고 합니다. 나는 개체적으로 존재하지 않고 우주적 리듬을 공동적으로 부여받은 존재입니다. 그러므로 나와 다른 인간 사이에, 나와 우주 사이에 존재론적인 구별 같은 것은 불가능합니다.

그럼 이런 지혜를 가질 수 없게 한 가장 큰 요인은 무엇일까요? 즉각 생각하면 그것은 유럽인들의 물욕입니다. 브라질에서 자원을 갈취해 갈 목적이 그들의 시야를 좁아질 대로 좁아지게 만든 것입니다. 그럼 이 물욕 추구의 근저에서 활동하고 있는 인간의 주된 전제는 무엇일까요? 바로 '자유의지론'입니다. 주체가 욕망하고, 주체가 그 욕망을 추구하기 위해 의지를 발휘하고, 주

제4부_문명은 소외를 반복한다

체가 외부 환경을 조작해서 그 의지를 실현시킨다고 하는, 인간을 자기 의지의 실현을 최우선으로 하는 존재로 정의한 인간관이 여기에는 활약하고 있습니다. 그래서 유럽인들은 타인의 삶을 제 욕망 실현의 도구로 쉽게 상상해 버렸던 것입니다.

레비-스트로스는 인간을 자유의지의 화신으로 보지 않습니다. 나카자와 신이치는 『신화, 인류 최고의 철학』에서 레비-스트로스가 생각한 인류의 무의식을 정리했습니다. 나카자와 신이치가 참고한 것은 『신화학』입니다. 우선 레비-스트로스가 신화를 인류의 무의식이 만든 우주론으로 본다는 것을 말씀드릴 필요가 있겠습니다. 나카자와 신이치의 설명에 따르면, 레비-스트로스는 인류의 무의식은 네 가지 논리를 바탕에 두고 작동한다고 생각했습니다. 그것은 즉비(卽非)의 논리, 감각의 논리, 전체성의 논리, 변형의 논리입니다.

즉비의 논리란 일종의 변증법인데요, '내가 내가 아니다'라고 하는 방식인데 예를 들면 라스코 동굴 벽화에 있는 버드맨처럼, 인류의 무의식을 적극적으로 탐사하는 사람들은 인간이지만 새이고(인간이 아니고), 살아 있지만(발기하는 중이므로) 죽어 있는 상태를 직시하려고 애썼다는 것입니다. 내가 내가 아니면 그럼 뭘까요? 유동하는 우주적 리듬 속에서만 존재성을 부여받을 수 있는 '전체와 함께인 나'입니다. 그래서 레비-스트로스는 인류 무의식의 활동은 감각의 논리를 지향한다고 보지요.

'감각의 논리'란 곧 '구체성의 논리'입니다. 감각은 혼자 만들어 낼 수가 없으니까요. 원시인들이 뜨겁고 찬 것, 달고 쓴 것에 집중된 이야기를 많이 만든 까닭은 개개인이 자신이 접촉하고 있는 세상의 무수한 존재들과 이렇게 또는 저렇게 연결되어 있음을 이해하려고 했기 때문입니다.

세번째는 전체성의 논리인데, 이것이 바로 우주적 차원에 놓여 있는 나 하나의 의미를 이해하려고 한다는 말입니다.

마지막인 변형의 논리란 인간은 우주적 리듬을 표현하는 데에 있어서 수많은 시행착오를 거치며 그 최적화된 형태를 모색해 간다는 의미를 갖고 있는데요. 자기가 옳고 그르다고 믿었던 바를 언제든지 우주의 리듬을 기준으로 계속 다르게 바꿔 보면서 생각하기를 거듭한다는 의미입니다. 레비-스트로스는 인류의 근원적 무의식을 최대로 활용하는 것을 '지혜'로 봅니다. 그리고 그 인류적 지혜를 억압하는 자기중심주의를 경계했습니다.

레비-스트로스는 '고이아스'를 떠올려 보았습니다. 유럽 사람들은 브라질의 '고이아스'에 연방의 수도를 지으려 했었지요. 고이아스는 브라질 남쪽 해안에서 아마존 강까지 이르는 직선거리의 3분의 1 지점에 자리 잡은 고이아니아라는 고장인데, 정부는 매우 싼 값에 이 텅 빈 땅을 사들여서 개간을 시작했습니다. 거의 아무도 살지 않은 빈 고원을 자신들의 온갖 이익으로 덮어씌울 계획을 했던 것이지요. 레비-스트로스가 그곳을 방문한 것은 1937년인데, 이때에 이미 도시는 폐허가 되어 있었습니다. 이름도 거창했던 소위 주거지구, 상업지구, 행정지구, 공업지구, 여가지구

등이 황무지와 전쟁터를 방불케 하는 끝없는 벌판으로 변해 있었습니다. 당국자들의 의지가 부족하지는 않았을 테지요. 하지만 인간들이 마음을 모아 살아가야 하는 도시는 어느 한 이익집단의 사욕에 의해서 만들어질 수는 없는 것입니다. 도시가 버려진 까닭은 개발이 그곳 사람들의 무의식에 맞지 않는 방향으로 전개되었기 때문이 아닐까요?

3. 문명의 최후 형태, 카스트의 비인간화

레비-스트로스는 신대륙의 타락을 간단히 '서유럽' 문명의 탓으로만 돌리지 않습니다. 주말마다 상파울루 근처를 여행했던 그 시절을 회상하면서, 레비-스트로스는 자신의 관점을 보다 확장시켜야겠다고 생각했습니다. 현미경과 망원경을 내려놓고 드론을 날려서 보기로 한 것입니다. 레비-스트로스는 '마법 융단을 탔다'라고도 표현했는데요, 인류사를 보다 광활한 시점에서 바라볼 필요를 느꼈습니다.

레비-스트로스는 인도 문명을 유럽 문명과 비교할 하나의 축으로 삼습니다. 『슬픈 열대』가 출간된 것은 1950년인데요. 레비-스트로스는 1939년 남아메리카를 떠난 뒤에 미국과 파키스탄, 인도 등을 여행할 기회가 있었습니다. 그는 『슬픈 열대』 4부에서 이때 목격한 문명의 고도(古都)와 신도(新都)를 함께 비교합니다. 레비-스트로스는 이 비교 과정에 대해 재치 있게도 마법 융단을 타고 하늘을 날면서 생각해 본 것이라고 합니다. 승~ 문명화 과정을 비판한다고 해서 대단히 심각하게 글이 쓰였을 것 같지만, 『슬픈 열대』의 문체는 침착하고 발랄합니다.

레비-스트로스가 문명화 과정의 핵심 문제로 주목한 것은 인도의 카스트 제도였습니다. 왜일까요? 그가 보기에 '카스트 제도'는 문명의 근원적 모델입니다. 카스트 제도란 간단히 말해 직업에 따라 인간을 배분한 신분제입니다. 브라만(성직자), 크샤트리아(왕, 귀족, 장군), 바이샤(상인, 수공업자), 수드라(농민, 육체노동자), 계급 외인 찬달라(불가촉천민)로 크게 나뉩니다. 어떤 문명도 결국은 인구 배분의 과제를 해결해야 합니다. 각 문명에게 주어진 사회적 공간은 유한하기 때문에 그 안에서 사람과 동물의 자리를 잘 만들지 않으면 안 됩니다. 문명화 과정에서 반드시 나타나게 되는 관료제도 기능에 따라 구성원들의 자리를 고르게 만들면서도 중복이 잘 일어나지 않게 만드는 조직화 기술이라고 볼 수 있습니다. 레비-스트로스는 인도의 카스트를 관료제의 최후 형태로 생각했습니다. 따지고 보면 인도 문명이야말로 인류 최초의 문명이기도 하지요. 그러니 인도의 최후가 어떤 모습인지는 다른 문명의 흥망성쇠를 이해하기에도 좋은 참고가 될 수 있을 테지요.

그런데 카스트는 비참했습니다. 인도 문명은 인류사에서 최고로 문명화 즉 제도화의 기술을 발달시켰으나 그 결과 인간을 한낱 시스템의 부속품으로 만들고 말았기 때문입니다. 레비-스트로스를 태운 거리의 운전사들은 자신들의 솜씨로는 갈 수 없는 곳을 데려다주겠다고 했습니다. 임시 고용인들은 자기 체면을 위해 레비-스트로스에게 감당할 수 없는 소비를 부추기기도 했지요. 주인의 사치가 자신의 사치라고 착각했던 것입니다. 자기에게 먹을 것을 주는 자를 위해 간이든 쓸개든 빼 줄 것처럼 굴고, 자신이 뱉은 말은 한 푼의 가치도 없다고 생각하는 비루함. 낮밤 없이 구걸하고, 누운 자리에서 변을 보고, 살아 있음이나 죽음에 어떤 의미도 부여할 필요가 없는 비참함. 레비-스트로스는 자신이 거만하고 무자비한 유럽인처럼 굴지 않을 경우, 그에게 구걸하는 자들이 느낄 절망에 오히려 참담해졌습니다.

가난한 이들만이 문제가 아니었습니다. 레비-스트로스를 식사에 초대한 어떤 귀족은 4끼 식사로 이미 부른 배를 안고서 상다리가 휘어지게 저녁상을 보고 있었습니다. 그는 대문 밖에서 사람이 굶어 죽어 가는데도 모른 척했습니다. 지나친 사치와 지나친 비참이 인간다움을 파괴하고 있었습니다. 레비-스트로스는 일말의 양심도 없이 자신을 카스트 제도 안에 밀어 넣고 사는 사람들을 보며 속이 뒤틀리는 역겨움을 느꼈습니다.

이런 타락은 왜 일어났을까요? 그것은 과도한 문명화가 낳은 대지와의 소외 때문이었습니다. 인도에서는 5천 년 또는 1만 년 전부터 농업이나 수공업이 진행된 탓에 인간의 생활 기반 자체가 사라지고 말았습니다. 산림이 없어져서 땔감이 사라졌으며 음식을 익히기 위해 논밭에 주어야 할 비료를 아궁이에서 태워야 할 지경이 되고 말았어요. 경작할 수 있는 토지는 너무나 많이 갈리고 닦여 빗물에 쓸려 바다로 가 버릴 정도로 약해져 있었습니다.

서로 돕고 공생하며 살자고 만든 문명의 시스템은 인구를 늘린다고 하는 본연의 임무에 너무 충실했던 탓에 사람을 잡아먹는 괴물이 되어 버렸습니다. 인구가 증가하는 과정에서는 예속을 피할 수가 없지요. 처음에는 사람들의 활동 범위를 조정하기 위해 마련되었던 갖가지 장치들이 어느 사이에 사람들을 꼼짝 못하게 묶어 두는 족쇄가 되었습니다. 사람은 그 시스템의 일부로서만 제 몫을 누릴 수 있는데, 시스템은 그를 사람으로는 보지 않게 되었죠.

　여기서 잠깐 생각을 좀 해볼까요? 그래도 불어나는 인구를 감당할 수 없다면 어떻게 해야 할까요? 인간종(人間種) 중 일부를 인간이 아닌 것으로 지정하고 시스템 밖으로 빼내면 됩니다. 간단하지요. 그런데 뭔가 떠오르지 않으시나요? 바로 홀로코스트입니다. 레비-스트로스는 그 극악한 반인간주의의 기원을 문명화 과정 속에서 찾습니다.『슬픈 열대』 310~311쪽 홀로코스트란 국가적 시스템이 인구의 일부에 대해 온갖 혐오와 증오를 퍼부은 뒤 사회 바깥으로 내치려는 기획이었지요. 레비-스트로스는 최소한의 인간적 삶도 불가능할 때까지, 자기 자신이 제도의 부품으로 타락할 때까지, 결국 누군가를 미워하거나 스스로를 학대하는 데까지 내달리고 마는 인간 지성의 무능력을 깊이 한탄했습니다.

　레비-스트로스는 이런 문명화의 슬픔으로부터 어떤 구원이 있을 수 있다고 보았을까요? 대지와 인간의 비참을 다룬 4부의 마지막에서 그는 갑자기 해변에서 혼자 기도하는 사람을 떠올립니다. 너무 아름다운 문장이니까 우리도 한번 읽어 보겠습니다.

나는 카라치에 가까운, 인도양에 면한 클리프턴 비치를 산책하던 때를 떠올린다. 1킬로나 계속되는 모래언덕과 늪의 끝에 도달하면 어두운 빛깔을 띤 모래사장이 있는 긴 바닷가로 나오게 된다. 그날은 사람이 아무도 없었지만, 축제가 있는 날은 주인보다 더 화려한 옷을 걸친 낙타를 타고 군중들이 대거 몰려든다고 한다. 바다는 푸르스름한 흰색이었고 태양은 지는 중이었다. 역광을 받고 있는 하늘 아래에서 빛이 모래와 바다에서 오는 듯이 느껴졌다. 터번을 두른 한 늙은이가, 케밥을 굽고 있는 근처 가게에서 빌려 온 두 개의 철제 의자를 이용해서 즉석에서 개인용 모스크를 만들었다. 그리고 아무도 없는 모래사장에서 혼자 기도를 하였다. 『슬픈 열대』 298쪽

어떤 문명에 속해 있건 인간은 하나의 인간입니다. 각자 자기 앞의 신을 모시고 사는 인생만이 고난 앞에서도 고결하게 살아갈 수 있습니다. 이 '신'이란 인격화된 애니미즘의 신, 혹은 도그마로 화한 종교의 신은 아닙니다. 신이란 우주를 만든 존재이며 나의 근원입니다. 내가 어디로부터 왔고 어디로 갈 것인가에 대한 전체적인 통찰만이 문명이라는 이름으로 굴러가는 제도화의 바퀴에 압살당하지 않도록 한다는 것을 이해하는 일이 곧 기도인 것입니다.

앞의 인용문에서 레비-스트로스가 보여 주려고 했던 것은 '비참한 인도인이 실은 평화로운 내면을 지녔다'라는 반전 드라마가 아닙니다. 우주는 필연의 수레바퀴로 돌아간다고 하나, 그 부분인 우리에게는 온통 불가해한 사건들이 닥칩니다. 잘 살기 위해 이 사회 안에 있지만 여기의 문화가 족쇄가 되기도 하지요. 그러나 어떤 문턱에서도 누구와 함께 무엇을 할 것인지를 생각할 자는 자신이 되어야 합니다. 레비-스트로스는 홀로 기도하는 사람을 보며 마음속에 신을 모시는 사람, 자기 원칙과 윤리를 갖고 살아가는 사람만이 우주적 차원에서 나를 바라보며, 속악한 문명화에 맞설 수 있다고 생각했습니다.

제5부
차이를 욕망하는 야생의 과학

1. 야만은 없다

5부부터 말씀드리게 될 이야기는 레비-스트로스가 바라본 열대의 구체적인 모습입니다. 레비-스트로스는 상파울루 인근 부족 탐사에서 시작해서 점점 더 열대 깊숙한 곳으로 들어갔습니다. 레비-스트로스는 카두베오족, 보로로족, 남비콰라족, 투피 카와이브족의 순서로 이야기를 정리합니다. 그런데 개별 부족의 특징을 정리하고 있는 것은 아니고요, 차이 나는 부족들의 관습을 통해 인간의 삶을 설명해 보려고 합니다. 그래서 투피 카와이브족을 설명하는 장에서는 자기 이야기를 핵심 소재로 삼기도 합니다.

처음 브라질의 열대 우림 속으로 들어가면서 정말 큰 기대를 했던 모양입니다. 때문에 티바지(Tibagy) 강 양안(兩岸)을 내려다보게 되는 해발 약 1천 미터의 고지대에서 미개인들과 처음으로 접촉하게 되었을 때, 엄청 실망하고 말지요. 문명이라고는 한 방울도 묻지 않은 순수한 야만인을 기대하고 있었으니까요. 그런데 상상 속 그런 야만인은 어디에도 없었습니다. 400년이 넘는 스페인 식민의 역사에서 비롯된 침탈로 남부 브라질의 많은 부족들은 정부의 원조를 받으며 살아가고 있었습니다. 슬쩍 보기에도 이들의 생활은 빈한해 보였습니다. 레비-스트로스는 순수한 야만인도 아닌 데다가 문명의 사악한 손길에 훼손된 그들을 보며 아주 잠깐 가엽다는 생각을 합니다. 그리고 이 모든 불행은 브라질 당국의 무책임하고 게으른 행정이 만든 거라는 생각도 합니다.

하지만 빈한해 보이는 그들의 삶을 점점 다르게 보게 되었지요. 한때 정부는 '문명생활에 적응'시킨다는 목적으로 온갖 문명의 이기(利器)들을 부족민들에게 제공했었다고 합니다. 상점, 약방, 학교, 제재소 등. 그리고 어떤 때에는 원주민들에게 정기적으로 도끼나 칼, 못, 그리고 의류와 담요 등을 주기도 했다고 합니다.

그 물건들은 어떻게 되었을까요? 원주민들은 나라에서 준 침대를 부수어 땔나무로 사용해 버리고, 주거용으로 제작된 집을 두고도 땅바닥에서 잠을 청했습니다. 정부에서 우유나 고기 등을 제공하라며 보낸 목동은 아예 할 일이 없었어요. 왜냐하면 주민들은 그런 음식을 별 볼 일 없다고 생각했기 때문입니다. 곡식을 빻을 때도 멀쩡한 기계를 놓아두고 손으로 하고 있었고요. 그들은 소위 문명의 이기를 쓸모의 대상으로 받아들일 생각이 없어 보였습니다.

레비-스트로스는 두 가지 점에서 당황했습니다. 첫째 그들은 확실히 20세기 초반 무렵에 열대에 광범위하게 나타난 하나의 사회학적 현상을 보여 주고 있었습니다. 그들은 분명 갑작스레 서양 문명의 강요를 당한 '예전의 야만인들'이었습니다. 그리고 유럽은 그들이 별로 위험하지 않다는 것을 알게 된 뒤 곧바로 그들에 대한 관심을 거두어들여 버렸지요. 레비-스트로스는 순수한 야만인이란 유럽식 문명의 발자국 아래에서는 어디에도 남아 있지 않으리라는 것을 짐작할 수 있었습니다. 자신이 앞으로 더 들어가게 될 열대 어디에서도 그런 원시의 인간은 없을 것입니다.

그의 사고를 정지시킨 두번째 포인트는 서양 제국주의 앞에서도 흔들림 없는 원주민들의 여유와 재치였습니다. 그들은 여전히 이빨에 줄질을 하고 장식도 하며 살았지만 정부가 던져 준 문명의 이기들을 자신들의 습속에 이리저리 끼워 맞추고 있었습니다. 인디언들의 집에는 매끈하게 다듬어진 돌공잇대도 있었지만 동시에 에나멜 칠이 된 금속 식기류라든가, 대량 생산된 싸구려 숟가락이라든가, 몸통만 남긴 재봉틀이라든가가 제각각의 이유를 갖고 나란히 놓여 있었습니다. 그들은 정부에서 나눠 준 총도 마치 주물(呪物)처럼 벽장식으로 썼습니다.

레비-스트로스는 간파합니다. 어떤 습속도 하나가 다른 하나를 완전히 대체하는 일은 없다는 것을! 원주민들을 보니 과거는 절대 사라지지 않는 무엇이었습니다. 소위 '미래'(서구 문명)가 아무리 강압적이더라도 이 현재를 바로 장악하지는 못합니다. 원주민들은 자신들의 오랜 전통 습속과 갑자기 들이닥친 미래

생활 사이에서 삶의 양식을 이리저리 뜯어 맞춰 보았습니다. 하나의 브리콜라주였지요. 우발적인 필요 앞에서 주변에 쓸 수 있는 사물들을 이리저리 끼워 맞춰 문제를 해결하려는 삶의 기예, 브리콜라주 말입니다.

레비-스트로스는 열대의 초입에서 만난 인디언들을 보면서 삶을 꾸려 나가는 인간의 놀라운 창의력을 보았습니다. 그러한 깨달음 때문이었을까요? 이후로 이어지는 레비-스트로스의 원주민 사회 묘사에는 어떤 거리감이 확실히 느껴집니다. 그는 원주민들의 거친 삶에 지나치게 감정이입해서 속상해하거나, 객관적 연구가 목적이라며 관음증적으로 관찰하지 않습니다. 레비-스트로스는 인류학자로서 또는 유럽의 백인으로서 자신의 관점이 얼마나 부분적일 수밖에 없는지를 계속 의식하면서 대상을 바라봅니다. 그러면서 그들 삶의 전체적 인상을 깊이 있게 묘사하기 위해 애씁니다.

잠깐 레비-스트로스의 기술이 당대 문화인류학자의 관찰기와 얼마나 다른지를 보여 드리고 싶습니다. 열대로 더 들어갈수록 인디언들의 삶은 더욱 가혹해집니다. 그런데 유럽인들이 보기에 그렇습니다. 그것을 본 어떤 백인 인류학자는 다음과 같은 기록을 '연구'라며 학술원에 소개했습니다.

내가 마투그로수에서 보았던 모든 인디언들 가운데서, 이 남비콰라 무리들이 가장 비참한 듯하였다. 여덟 명의 남자들 가운데 한 사람은 매독에 걸렸고, 한 사람은 허리가 굽어서 고약한 냄새를 풍기고 있었으며, 한 사람은 발에 상처를 입고 있었으며, 또 한 사람은 비늘이 생기는 피부병에 걸려 온몸에 퍼져 있었으며, 귀머거리에 벙어리까지 겹친 사람도 한 명 있었다. 그러나 여자들과 어린아이들은 건강한 듯이 보였다. 그들은 해먹을 사용하지 않고 땅바닥에서 그대로 자기 때문에 항상 온몸이 흙으로 뒤덮여 있다. 추운 밤이면 그들은 불을 흩트리고 따뜻한 재 속에서 잠을 잔다. 옷을 입는 경우는 선교사들이 그들에게 의복을 주면서 입으라고 요구할 때뿐이다. 그들은 목욕하기를 싫어해서 피부와 머리털은 먼지와 재로 칠을 한 것 같고, 또 그들 몸에는 썩은 고기와 생선 쪼가리까지 들러붙어서 그 냄새가 시큼한 땀냄새와 섞여 옆에 다가가는 사람에게 혐오감을 불러일으킨다.『슬픈 열대』533~534쪽 재인용

　그들은 게으르고 비위생적인 탓에 피부병을 앓고 있고, 몸에는 썩은 고기와 생선 쪼가리가 달라붙으니 불쾌한 냄새가 난다? '연구'라지만 위의 보고서를 쓴 인류학자는 관찰 대상에 대한 감정적 거리를 전혀 갖고 있지 않습니다. 자기 기분, 자기 비위라는 기준이 '객관'이라며 거침없이 생각을 내뱉고 있어요. '그들은 가난하고 비위생적이어서 잘못 살고 있다!'라는 말을 마치 진리인 양 떠듭니다. 레비-스트로스는 유럽 학자들의 이런 오만한 인상기를 참을 수 없었습니다. 그래서 자신은 그들을 어떤 식으로 기억하고 있는지를 여행 수첩을 꺼내어 그대로 옮깁니다.

어둠이 깃들인 초원에서 숙영지의 모닥불이 불타오르고 있다. 엄습해 온 추위를 막아 줄 유일한 보호자인 모닥불 주위에서, 바람과 비가 두려워 급작스럽게 옆에다 야자수와 나뭇가지로 만들어 꽂아 놓은 허술한 병풍을 뒤로 하고, 그들의 지상의 모든 부를 이루고 있는 빈약한 물건들로 가득 찬 등채롱을 곁에 둔 채, 그들과 마찬가지로 적대적이고 겁 많은 다른 무리들의 방문을 받는 땅인 그 땅바닥에 그대로 누워서 꼭 껴안고 있는 부부들, 이때 그들은 서로를 나날의 어려움과 때때로 남비콰라인들의 영혼을 뒤덮는 몽상적인 서글픔으로부터 구원해 주며, 위로해 주고 또 지주가 되어 줄 유일한 사람으로 믿는다.『슬픈 열대』535쪽

어떠세요? 너무 다르지요? 레비-스트로스는 자신이 바라보는 원시의 세계에 내부자도 외부자도 아닌 시점을 취하고 있습니다. 그것은 바로 인간의 시점입니다. 이것은 인간이 만물의 영장이라는 의미에서 쓰이곤 하는 인간중심주의적 관점이 아니라, 자연 안의 한 인간이 자연 안의 또 다른 인간을 바라보며 느끼는 애틋한 연민의 시선입니다. 대지 위에 서로 꼭 껴안고 누워서 자는 부부들은 통속소설에 나오는 낭만적인 연애 같은 것은 하지 않습니다. 놀이공원에서 데이트를 하고 뻑적지근한 이벤트를 하며 사랑 고백을 하지 않지요. 하지만 이들은 엄습하는 자연의 공포, 죽음이 낳는 생의 근원적 불안을 나눕니다. 그들은 서로의 체온을 느끼며 그 누구도 대신 겪을 수 없는 각자의 불안을 위로하

고 격려합니다.

레비-스트로스는 인디언이든 백인이든, 우주의 한 존재로 잠깐 이 별에서 살아가는 존재라면 겪지 않을 수 없는 생의 고뇌를 생각해 보자고 합니다. 이렇게 『슬픈 열대』를 읽으며 저는 삶에서 근본적으로 필요한 것은 타인과 우주에 대한 이해 이외에는 없다는 생각이 들었습니다.

제5부_차이를 욕망하는 야생의 과학

2. 열대의 세례식

열대의 인간들을 이와 같은 인류의 시선으로 바라본 레비-스트로스! 그는 어떤 방식으로 열대를 통과했을까요? 인류학자이니만큼 현지의 문화를 조사해야 했을 텐데요, 그러기 위해서는 원주민들과 어떤 '관계'를 맺어야만 합니다. 우리는 충분히 상상할수 있지요. 오만하게 남비콰라족을 깔보았던 저 인류학자와 레비-스트로스가 어떻게 다른 방식으로 열대를 통과했을지를요.

레비-스트로스는 17장에서 열대의 초입에 들어서는 순간에어떤 세례식이 있었다고 회고합니다. 레비-스트로스는 1차적으로는 원주민들과 교류를 트기 위해서, 2차적으로는 그들 문화를해석하기 위해서 원주민들이 사용하는 물건들을 수집할 필요가있었습니다. 그는 먼저 거래를 시도해 보았습니다. 하지만 어찌된 일인지 아무리 많은 돈을 준다고 해도 그에게 물건을 판다는사람이 없었어요. 제발 원하는 물건을 좀 달라고 하자, 돌아오는대답이 다 이랬습니다. "그는 그것을 만들 수 없다", "만약 그것을그 자신이 만들 수 있다면 기꺼이 그것을 당신에게 줄 것이다. 그자신도 오래전에 한 노파로부터 그것을 얻었는데, 그것은 오직 그 여자만이 만드는 비법을 알고 있다. 만약 그것을 당신에게 주어 버린다면, 어떻게 그것을 다시 전하겠는가."『슬픈 열대』 323쪽 그 노파는 도대체 어디 있냐고 묻자 사람들은 또 이렇게 대답했습니다. "어디에 있는지 모르지만, 아마 숲속 어딘가에 있겠지요." 한마디로 레비-스트로스, 당신에게는 도저히 줄 수 없겠다는 말입니다.

부족민들에게는 하나의 물건 자체가 지상에서 유일무이한 까닭도 있었을 겁니다. 결국 레비-스트로스는 그 부족에서 가장 어리고 작은 서너 살쯤된 소녀와 겨우 거래를 시작할 수 있었습니다. 그 소녀는 항상 "우리가 사고자 하는 모든 물건들을 소유하고 있었"『슬픈 열대』 324쪽고, 레비-스트로스는 이 소녀와 오랫동안 흥정한 끝에 원래 주기로 한 500레이스(옛 브라질 화폐단위)에다가 다시 400레이스와 브로치 한 개를 더 주고 원하는 물건을 얻을 수 있었습니다. 다 큰 백인 어른이 어린 원주민 소녀와 해가 지도록 흙바닥에 앉아 흥정을 하는 풍경이 그려지시지요? 저는 낯선 문화 속으로 최대한 자연스럽게, 그러면서도 그들 삶을 흔들지 않고 들어가려는 레비-스트로스의 진득한 노력이 느껴집니다.

어째서 사람들은 마을의 모든 물건들을 어린 소녀의 것이라고 말했던 것일까요? 레비-스트로스가 이 거래에 관해서 더 설명하는 바가 없어서 저도 상상만 해봅니다만, 아마도 어른들은 애초부터 레비-스트로스와 교환을 할 생각이 없었던 것 같습니다. 거래 즉 등가교환 관계는 화폐를 매개로 상대를 동등하게 만들어 줍니다. 어린 소녀와 등가교환에 성공했다는 것은 레비-스트로스가 앞으로 그 마을에서 갖게 될 위치를 말해 줍니다. 그런데 레비-스트로스의 지위란 고작 부족 안에서 아직 어떤 역할을 부여받지 못한 소녀와 같은, 마을의 어떤 중요한 일에도 자기 입장을 낼 수 없는 것이었습니다. 그러니까 거래 거부는 마을 안에서 먹고살 수는 있지만 그들의 일원으로는 받아줄 수 없다는 사람들의 의사표현이었던 거죠. 그들에게 레비-스트로스는 이방인, 즉 타자였습니다.

『슬픈 열대』에 이와 같은 설명이 직접적으로 나오지는 않습니다. 그렇지만 레비-스트로스는 확실히 파악했을 것입니다. 등가교환을 시도해서는 결코 그 문화의 내부 사정을 깊이 있게 바라볼 수 없으리라는 것을요. 그 거래 이후에 레비-스트로스는 바로 전략을 바꿉니다. 이 '웃픈' 거래 장면 뒤에 독특한 사건 하나가 소개됩니다.

레비-스트로스는 원주민들이 좋아하는 애벌레 코루(koro)를 한번 관찰해 보고 싶었습니다. 이것은 썩어 가는 나무에 우글우글 기생하는 희끄무레한 애벌레인데, 원주민들의 애용간식이지요. 하지만 벌레나 먹는 인디언이라며 백인들이 하도 비웃었던 통에 그 누구도 레비-스트로스 앞에서 코루를 먹지 않았습니다. 아무리 궁리해도 코루의 실체를 알 방법이 없자, 레비-스트로스는 꾀를 하나 냅니다. 아무도 살지 않는 부락에 혼자 열병에 걸려 누워 있는 인디언에게 다가가서 말을 한 것이죠. "저는 정말 코루가 먹고 싶어요~."

그런데 웬일입니까? 아마 레비-스트로스도 기대하지 않았을 텐데요. 이 사람이 아픈 몸을 이끌고 레비-스트로스를 어떤 나무줄기 앞으로 데려가는 게 아닙니까. 그가 도끼로 한번 내리치자, 나무줄기 깊숙한 곳에서 수많은 맥관(canal)이 나타났고 그 가지마다 크림색의 살찐 벌레가 있었습니다. 그 사나이는 레비-스트로스를 무감각한 표정으로 바라보았지요. 뭘 망설이냐는 듯이요. 오, 마이 갓! 레비-스트로스는 희끄무레한 기름이 흘러 나오는 그 벌레를 맛보았습니다. 그리고 이렇게 씁니다. "그것은 버터의 단단하고도 섬세한 느낌과 야자 열매의 과즙 같은 맛을 지니고 있었다."『슬픈 열대』 326쪽

레비-스트로스도 벌레를 혐오하는 유럽의 백인이었습니다. 그렇지만 그는 숲의 사람들과 사귀기 위해 자신이 몸으로 익힌 생각을 하나 내려놓았습니다. 내가 벌레도 먹을 수 있지! 내려놓은 것은 벌레에 대한 터부만은 아니었어요. 그는 벌레를 낮추어 보는 유럽 문화의 온갖 상식들 전부를 마을 입구에서 벗어던진 셈이었습니다. 레비-스트로스는 진실로 열대인이 되고자 했습니다. 원래의 '나'란 없으니까요.

레비-스트로스는 코루 사건을 두고 자신에게 일어난 '세례'라고까지 했습니다. 세례란 특정 종교에 입문하는 의식이 아닙니까? 자신의 유아적 상식과 태도를 내려놓고 온몸으로 진리를

받아들이겠다는 결단이지요. 그런데 세례는 입문하고 싶은 자가 제 마음대로 치를 수 있는 예식이 아닙니다. 반드시 교단이나 사제가 예비 신도를 인도해서 교리에 의거해 그를 종교 공동체로 데리고 들어와야 합니다. 이 코루 의식도 잘 따지고 보면 저 아픈 원주민 한 사람의 호의 덕분에 가능했지요. 인디언 사나이는 한 이방인이 코루를 먹고 싶다는 청을 대가 없이 들어주었습니다. 레비-스트로스에게 코루를 먹여 주었다고 해서 그에게 돌아올 것은 없지요. 심지어 그는 앓고 있었습니다. 그럼에도 불구하고 사나이는 '좋아, 당신이 그렇게 원한다면!'이라며 마음을 냈습니다. 조건 없는 선의인 것입니다. 도울 수 있으면 돕는다, 그뿐!

레비-스트로스는 열대의 입구를 다루는 장에서 왜 이 에피소드를 언급했을까요? 레비-스트로스는 교환(등가)관계와 증여 관계를 대비함으로써 우리가 타자, 타문화와 함께 공존할 수 있는 길이 여기에 있다고 말한 것입니다. 타인의 선의에 기대지 않으면 나는 나의 욕구를 채울 수 없다!

타자의 선의를 다른 말로 하면 '증여'입니다. 열대에 다녀온 이후 레비-스트로스는 인류의 근원적 사고를 계속 연구하게 되는데요, 그는 인류의 정신 과정 자체를 '증여'에 의해 작동하는 메커니즘으로 설명했습니다. 레비-스트로스의 첫 인류학적 작업은 원시 부족의 친족관계 연구입니다. 레비-스트로스가 보기에 '가족'은 도처의 인간 사회가 제 문화를 유지하기 위해 사용하는 근본적 제도입니다. 레비-스트로스의 정리에 따르면 모든 가족 집단은 다음의 두 관계 중의 하나를 차용합니다.

- 아버지-아들 / 외삼촌-조카 경우
- 아버지와 아들은 친밀하지만 조카와 외삼촌은 소원하다
- 조카와 외삼촌은 친밀하지만 아버지와 아들은 소원하다
- 남편-아내 / 형제-자매의 경우
- 남편과 아내는 친밀하지만 아내와 그 형제는 소원하다
- 아내는 그 형제와 친밀하지만 부부는 소원하다

이 기본적인 관계의 틀에서 발견되는 것은 형제, 자매, 아버지, 아들이라는 관계의 기본 항입니다. 이 네 가지 항은 멀거나 가까운 방식으로 서로 관련되어 있습니다. 레비-스트로스는 이 거리 조정의 법칙을 근친상간의 금지 법칙이라고 봅니다. 근친상간의 금지란 "인간 사회에 있어 사내가 계집을 획득하려면 이를 다른 사내로부터 얻을 수밖에 없고 후자는 계집을 딸이건 자매건 전자에 양도한다"『구조인류학』; 우치다 타츠루, 『푸코, 바르트, 라캉, 레비-스트로스 쉽게 읽기』, 이경덕 옮김, 갈라파고스, 2010, 174쪽 참고 및 재인용는 법칙입니다.

위의 설명에서도 알 수 있지만 인류가 근친상간을 금지하는 까닭은 인륜에 반해서가 아닙니다. 레비-스트로스는 인륜이라는 것 자체가 '사회 구조를 유지하기 위한 필요' 이상도 이하도 아니라고 봅니다. 레비-스트로스가 열대에서 만난 한 인디언은 이렇게 말하기도 했습니다. '만약 네가 네 누이와 결혼한다면 너

는 사냥을 누구와 하겠는가?' 다른 부족으로부터 아내를 얻는다면 처남을 비롯해 처가의 남자들과 함께 사냥하고 놀 수 있는 기회를 더 많이 얻지 않겠느냐는 것이죠. 레비-스트로스 외, 『가족의 역사 1』 정철웅 옮김, 이학사, 2001 참고. 근친상간 금지 법칙이 의미하는 바는 '풍요로운 삶을 위해서도 우리는 늘 내 울타리 바깥의 존재들과 관계맺으면서 살아가야 한다'입니다. '가족'이란 이처럼 울타리 바깥의 공동체와 내가 새로운 관계의 양식을 만들어 가면서, 내가 원래 추구했던 필요를 만족시키기 위한 영속적 장치입니다.

레비-스트로스는 친족관계를 분석하면서 두 가지 관점에 주목했습니다. 첫번째 포인트는 가족이라는 장치의 목적이 내 부족, 그 안에서의 내 삶을 '유지'하는 데에 있다는 점입니다. 문제는 그 유지가 반드시 다른 부족, 다른 존재에 의해서 이루어진다는 점이지요. 이것이 두번째 포인트입니다. 인류는 왜 이런 형식적 장치를 걸어 놓고 그 안에 사람을 밀어 넣었을까요? 여기에서 레비-스트로스가 주목한 것은 이 두 가지 제약의 맞물림입니다. A부족 사나이가 아내를 구하려면 반드시 B부족에서 얻어 와야 합니다. 나중에 더 설명드리겠습니다만, B부족은 A부족에게 바로 여성을 줄 수는 없습니다. 이 교환관계는 부족들 사이에 약간씩 어긋난 관계가 전개되도록 되어 있기 때문입니다. B부족은 반드시 C부족 혹은 D부족으로부터 아내를 얻어 와야 합니다.

혼인에 의한 여성 교환이라는 점만 보면 이 연대는 등가교환을 지향하는 것도 같습니다. 하지만 더 생각해 보겠습니다. 교환되는 것은 사람입니다. 한 사람은, 자연 안의 만물이 다 그러하듯이 그 어떤 사람과도 같지 않습니다. 심지어 쌍둥이라 하더라도 말입니다. 따라서 절대로 등가적일 수가 없습니다. 움직이는 것은 외모도 성격도 능력도 다른 여성들이며, 그들이 낳는 것은 다시 외모도 성격도 능력도 다른 자식들입니다. 그러므로 이 경우, 가치가 따로 정해져 있지 않은 선물 개념으로 신부를 보내고 받는다고 해야 합니다. 또 혼인이란 다 때가 있는 법이어서요, 필요한 때에 상대 부족에 결연 가능한 여성이 있으리라는 것도 보장되어 있지 않습니다. 그런 데다 A와 B 사이의 직접 교환도 아니게 되고 보니, 전체적으로 보아 결혼에 의한 부족 간의 연대는 불안정하다고 할 수 있습니다. 그러니 등가교환이 아닙니다.

여기서 레비-스트로스는 부족민들 사이에서 발견되는 부채감에 주목합니다. 여성 교환이란 마구잡이로 이 부족 저 부족에서 사람을 데려오는 식은 아니었습니다. 어떤 부족도 결혼 한번 시키고 말 것이 아니기 때문에 영속적으로 여성을 주고받을 부족들 관계의 전체적 틀이 마련되어 있어야 합니다. A부족에서는 여성을 주었는데 C부족이나 D부족에서 팔짱 끼고 앉아서 나 몰라라 하게 된다면 큰일이 나게 되겠지요. 그러므로 우리 식으로 말하자면 신용을 보증할 혼인 규약이 어떤 범위의 지역 전체에서 통용되어야 합니다. 국가라고 하는 거대한 제도적 시스템이 구비되어 있는 것도 아니었으니 인디언들은 이 문제를 어떻게 해결했을까요? 레비-스트로스는 관찰했습니다. 그리고 발견하지요. 그것이 증여와 환대의 구조입니다.

여성 교환의 표면적 효과는 나와 상대 각 부족에게 하나의 가족이 생기는 것입니다. 그럼으로써 각 부족은 영속의 기회를 얻습니다. 그런데 그 방식은 필연적으로 불안정성을 내포하기에 사람들은 여성이 교환될 때에 엄청난 심리적 부담감을 갖게 됩니다. 자기 가계를 존속시키기 위해 여성을 얻은 측은 상대 부족에게, 더 나아가 혼인 관계로 이어지는 여러 부족들 전체에게 빚을 진 셈입니다. 신부를 받은 뒤 입 싹 닦고 희희낙락하고 있으면 그 부족은 결코 다음 신부를 얻을 수 없을 겁니다. 그러므로 그들은 다음 혼인을 위해 어떤 식으로든 자신이 누군가에게 신부를 줄 수 있을 만한 존재라는 것을 인근의 다른 부족들에게 보여 주지 않으면 안 됩니다.

레비-스트로스는 혼인 관계가 본질적으로 생산하는 것은 자식이 아니라 부채감임을 깨달았습니다. 부채감이란 무엇일까요? 내 삶이 전적으로 타인의 선물에 의존한다는 것을 이해하는 마음입니다. 이것은 자신이 수많은 관계들의 연쇄 속에서밖에는 살아갈 수 없다는 점에 대한 통찰에서 나옵니다. 이러한 점을 깊이 받아들인다면, 사람은 반드시 자기도 누군가에게 뭔가를 줄 수 있을 만한 존재라는 것을 입증하면서 살아가야 합니다. 레비-스트로스에게 코루를 준 사나이가 그토록 선뜻 선의를 보여 준 까닭은 그의 성품이 착해서가 아닙니다. 레비-스트로스는 그의 '친절'에 주목하지 않습니다. 그는 '신부의 제공'과 같이, 누군가의 필요를 충족시킬 수 있는 자야말로 다른 자로부터 뭔가를 받으며 잘 살아갈 수 있는 자라는 것을 알고 있었을 뿐입니다. 레비-스트로스는 세례식-코루를 통해 이런 깨달음을 깊이 새기며 열대로 더욱 깊숙이 들어갔습니다.

3. 우주적 리듬으로서의 대칭성

레비-스트로스가 처음으로 마주하게 된 열대의 원주민은 카두베오족입니다. 카두베오족 대부분은 파라과이 강 좌측의 낮은 지역에 살고 있었습니다. 얼마나 빈한한 생활을 하고 있었던지, 레비-스트로스를 카두베오족에게 안내했던 백인은 이들이 게으르고 술주정뱅이들이라며 굳이 찾아갈 필요가 없을 거라고 말리기도 했습니다. 레비-스트로스도 몇 가지 점에서는 당황한 모양인데 다음의 인상적 에피소드를 보면 알 수 있습니다.

한 가족이 막 도살한 '제베루'(송아지) 곁에 몰려들어 고기를 베어 내고 있었습니다. 그런데 벌거벗은 아이 두서너 명이 죽어가는 짐승의 피를 묻히며 그 위를 기어오르고 있는 것이 아닙니까. 아이들은 동물의 도살과 죽음을 아무렇지 않게 생각하는 것 같았습니다. 만약 파리의 백인들이 보았으면 고개를 절레절레 흔들 일이었지요. 순진한 아이에게 너무 잔인한 장면을 거리낌 없이 보여 주는 셈이니 말입니다. 백인들 입장에서는 아동학대나 다름없는 일일 것입니다.

카두베오족의 집은 더욱 보잘것없었지요. 길고 좁은 헛간 같은 곳에 여섯 가족이 이리저리 모여 있는 식이었습니다. 그 안에는 긴 무명천이라든가 호리병박, 짚으로 만든 바구니 따위가 어지러이 흩어져 있었어요. 그 사이로 사람들은 널빤지로 만든 칸막이 판자 위에 드러눕거나 앉아서 멍하니 시간을 보내고 있었습니다. 재산에 대한 애착도 없고 미래를 향한 진취적인 목표도 없고. 입신출세에 허덕이는 유럽 백인들이 본다면 하루하루 닥치는 대로 사는 미개한 삶일 수도 있겠지요.

한편, 이들의 고유한 삶이 지극히 소박하다는 점 외에도 뭔가 일이 잘못되어 간다는 느낌을 줄 수 있는 부분도 있었습니다. 카두베오족 사람들은 자기 부족의 성물인 동물상을 아이의 놀잇감으로 던져 주기도 했고요, 전통의상을 입고 백인들에게 어서 사진을 찍어 돈을 내놓으라며 떼를 쓰기도 했습니다. 자기 부족의 전통을 하찮게 여기면서 돈벌이에나 이용하는 그들의 모습은 언뜻 보면 자존심 다 내려놓은 타락한 문화의 현주소를 고스란히 보여 주는 것 같기도 했습니다.

그렇지만 레비-스트로스는 침착하게 그들의 삶을 계속 관찰했습니다. "이 보잘것없는 규모의 집에서도 의미 있는 점들을 발견할 수가 있다."『슬픈 열대』 347쪽 레비-스트로스는 좋은 삶, 나쁜 삶을 선판단하지 않기 위해 노력합니다. 그리고 충분히 바라본 끝에 그들 삶을 지배하는 어떤 사고방식을 발견합니다. 그런 뒤 깜짝 놀랐지요. 남아메리카가 식민화된 지 이미 400년이나 되었습니다. 그런데도 열대의 인디언들은 자기들 관습의 중핵을 끝

제5부_차이를 욕망하는 야생의 과학

까지 붙들고 있었던 것입니다. 자신들의 오랜 전통을 돈벌이로 이용할 정도로 그들은 자기 문화를 자랑스러워했던 것입니다. '우린 누가 보아도 가치 있는 것을 만들었어!' 도대체 유럽 문명이 인디언들의 사고방식이나 생활태도의 어떤 부분을 바꾸었는지, 레비-스트로스는 오히려 이 완고한 사람들의 자긍심에 놀랐습니다.

레비-스트로스는 주위를 더 넓게 둘러보았습니다. 카두베오족 사람들은 술에 취하면 잘 우는 것 같았습니다. 그들도 생의 희로애락은 피할 수 없겠지요. 한 사나이가 술에 취해 흥분했습니다. 그는 펄떡 뛰다가 침묵하다가 마지막에는 울고 말았어요. 그러자 곁에서 조금 덜 취한 사람이 나타나 그의 팔을 잡고 이리저리 거닐면서 위로와 우애의 말을 해주었습니다. 레비-스트로스는 한 부족이 무엇을 소유했느냐, 한 인간이 어떤 지위에 있느냐에 눈길을 두기보다는 그들이 무엇에 기뻐하고 무엇에 슬퍼하는지를 주목했습니다. 그리고 왠지 그들을 이해할 수 있을 것 같은 마음도 들었습니다.

당시에 서양의 인류학자들은 원시 문화가 쇠락하는 것을 무척 안타까워했습니다. 선한 유럽인들은 자신들이 그들을 타락시켰다며 죄책감에 몸서리치기도 했지요. 레비-스트로스는 그런 학자들을 향해 반문했습니다. 도대체 무엇이 '원시적'인가? 인류의 미개와 타락을 논하는 당신의 근거는 무엇인가? 당신이 다른 인간의 삶을 파괴할 수 있다고 생각하는 까닭은 무엇인가? 레비-스트로스는 카두베오족을 관찰하면서 이런 생각에 이르게 됩니다. 어떤 인간 사회도 고유한 사고의 형식 논리를 갖는다. 열대의 인디언도, 유럽의 파리지앵도.

그럼 레비-스트로스가 파악하는 사회 조작 원리를 살펴보겠습니다. 우선 레비-스트로스는 한 인간이든 한 사회든 체계 없이 살아갈 수는 없다고 봅니다. 즉흥적으로, 그저 한번 놀아 볼 심산으로 사회를 구성하는 집단은 없다는 것이죠. 온몸에 피를 뚝뚝 흘리며 죽어 가는 송아지를 타고 노는 아이를 지켜보는 문화에도 그것을 용인할 만한 사고의 틀은 존재합니다. 그 사고의 체계는 'A'에서 '가' 체계로 단순 대체되지 않습니다. 하나의 문화를 지탱하는 사고의 틀은 그 사회 속 한 사람 한 사람에 의해 매번 갱신되기 때문에 어느 날 갑자기 집단 전체가 사고의 틀을 바꾸는 일은 일어나지 않습니다.

레비-스트로스는 이 대목을 여러 번 강조합니다. 레비-스트로스는 인간의 정신은 관념들로 이루어져 있고 그 관념들의 조합에 의해 이런 혹은 저런 사고의 형태가 출현한다고 봅니다. 호모사피엔스인 이상 인류로서 가질 수 있는 관념은 양이나 사자가 가질 수 있는 정신의 관념과는 다를 것이며, 바로 그러한 수준에서 관념의 범위나 질, 양이 정해집니다. 그러므로 열대 사람도 유럽 사람도 제 나름으로 관념의 조합을 계속하는 중일 뿐입니다.

레비-스트로스는 인간의 정신은 관념을 조합하기를 멈추지 않으며, 그 조합 방식에 따라 세계관과 살아가는 방식 그리고 윤리를 구성해 간다는 점을 강조합니다. 레비-스트로스는 위와 같은 관점을 가장 잘 보여 주는 부족으로 파라과이의 토바족(Toba)과 필라가족(Pilaga), 브라질의 카두베오족과 므바야 과이쿠루족(Mbaya-Guaicuru)을 꼽습니다. 그리고 므바야족이 그 중 으뜸이라며 다음의 이야기를 합니다.

므바야족은 카스트로 조직되어 있습니다. 이들의 가장 큰 특징은 첫째, 귀족들이 그들 가문(家紋)에 대등한 문신(文身)이나 형판(型板)을 몸에 채색하면서 그 서열을 표시한다는 점인데, 특히 안면도식(顔面圖式)에 대단한 관심을 두고 있었습니다. 둘째는 영아살해의 관습입니다. 이들은 출산에 대한 혐오가 너무 심했는데요. 우리들이 흔히 자연적이라고 여기는 감정에 적대적이었습니다. 놀라셨지요? 세상에는 자식 죽이기를 서슴지 않는 부모들로 이루어진 부족도 있는 겁니다.

그럼 부족은 어떻게 영속할까요? 어린애들을 아예 낳지 않을까요? 당연히 아이는 낳습니다. 하지만 태어나더라도 친부모가 키우는 경우는 없고요, 양친은 아주 가끔만 찾아갑니다. 아이들은 열네 살이 될 때까지 머리부터 발끝까지 검은 칠을 하고 있어야 하고요. 입문식(入門式) 때라야 비로소 자신의 살갗을 내보일 수 있습니다. 아이들은 거의 사람으로 대접받지 못합니다. 어린이는 왕이라는 요새 사람 말을 들으면 이들은 놀라 자빠질 겁니다.

레비-스트로스는 이들의 영아살해 관습을 문신 관습과 연결시킵니다. 이들에게는 독특한 이분법의 진화론적 사용이 있었습니다. '자연에서 문화로, 무정신의 동물로부터 문명화된 인간으로.' 이들은 인간이라면 자연의 다른 종들처럼 자식을 마냥 예뻐할 수는 없다고 보았습니다. '오리도 늑대도 자식을 예뻐하는데 인간인 내가 어찌 자식을 예뻐하겠느냐?' 그들에게 안면도식은 자신들을 자연종 중의 으뜸으로 만들어 줄, 인류관과 문명관을 온몸으로 새기는 행위였습니다. 안면도식이란 "자연에서 문화로, 무정신의 동물로부터 문명화된 인간으로의 이행을 나타내는 경계선"슬픈 열대, 375쪽이었어요.

므바야족에게 문신이란 우주론 자체이기에, 그들은 얼굴 어느 구석에서나 그림을 시작할 수 있었고, 어떤 머뭇거림도 없이 지우지도 수정하지도 않고 곧바로 전체 그림을 완성할 수 있었습니다. 레비-스트로스는 안면문신 장면을 더 보고 싶어 속상해하다가 우연히 종이를 그들에게 내밀게 되었습니다. 그랬더니 그들은 입체가 아닌 평면에도 순식간에 도식을 그려 냈습니다. 그들은 우주 안에서 자기 위치를 확실히 인지하고 있었기에, 그들 세계관을 자랑스러워하며 온갖 표면에 새기기를 주저하지 않았습니다.

므바야족의 자존심이 열대 최고였던 것은 당연했습니다. 자연의 그 어떤 종들보다, 열대의 그 어떤 부족들보다 자신들의 존재가 고귀하다는 것을 피부로 느끼며 사니까요. 스페인 제국주

제5부_차이를 욕망하는 야생의 과학

의자들이 열대에 들어왔을 때 백인 부인들은 전혀 두려워할 필요가 없었습니다. 므바야족이라면 감히 백인 따위와 결혼할 생각을 하지 않을 테니까요. 이런 에피소드도 있었습니다. 어떤 스페인 총통이 부족의 한 아가씨에게 식사 초대를 보냈는데 거절당하고 말았습니다. 처녀는 이렇게 생각했지요. 세상에서 제일 아름다운 자신을 본다면 그 총통이 청혼을 하지 않을 수 없을 테고, 자신은 그런 하류의 인종과는 도저히 결혼을 할 수 없으니, 좋은 말로 초대를 거절하는 것이 가장 현명하다고 말입니다. 레비-스트로스는 그 어떤 인종주의자보다도 자존심이 센 이들 부족을 감탄하면서 바라보았습니다.

4. 야생의 사고, 비적대적 모순의 종합

레비-스트로스는 므바야족과 카두베오족을 관찰하면서 이들의 문화가 정교한 이분법들의 연쇄와 조합으로 이루어져 있음을 발견합니다. 그리고 이때의 관찰을 발전시켜서 몇 년 뒤 '야생의 사고'라고 하는 어마무시한 사유의 폭탄을 만들게 됩니다. 므바야족과 카두베오족은 남자와 여자, 조각과 회화, 추상과 표상, 각과 곡선, 기하학적 모양과 아라베스크 모양, 목과 몸통, 대칭과 비대칭, 선과 면, 형체와 배경이라고 하는 다양한 수준의 이분법을 사용해서 부족의 생활 윤리를 만들었습니다. 예를 들면 이 부족에서 남자는 조각에만 몰두하고 여자는 회화에만 몰두합니다. 안면도식을 그리는 방식도 남자와 여자가 다릅니다. 여기에 추상과 표상을 쓰는 기술이 그의 나이라든가 조건에 따라 조금씩 다르게 배치됩니다.

그럼 여기서 열대의 사고가 어떻게, 그리고 왜 이분법을 중심으로 전개되는지를 레비-스트로스의 다른 저작 『야생의 사고』로 설명을 드려 보겠습니다. 『야생의 사고』에서 레비-스트로스는 열대인들뿐 아니라 호모사피엔스라면 모두 이러한 관념들의 이분법적 조작에 의해 사고한다고 결론 내립니다.

① 야생의 사고는 구분의 논리다

간단히 말해 레비-스트로스가 말하는 '야생의 사고'란 사고의 근원적 기술입니다. 그것이 곧 이분법의 활용이고요. 레비-스트로스는 그런 사고가 점진적으로 거대한 형식을 구축해 나가는 것을 토테미즘이라고 합니다. 레비-스트로스가 말하는 토테미즘은 동식물을 토템으로 삼는 부분에 주목하는 여느 인류학자들의 토템론과 그 출발이 같습니다. 그런데 레비-스트로스는 야생의 사고 안에서 '토템'이 실체적인 의미를 갖지는 않는다고 보았습니다. 곰을 토템으로 삼는 부족이 있다 해도 그들에게 곰 그 자체가 별로 중요하지는 않았을 거라고요.

야생의 사고의 핵심은 사람들이 자기들 문화의 논리를 동물종을 기호로 삼아서 꾸민다는 데에 있습니다. 이 점은 동화를 잘 생각해 보면 금방 이해할 수 있습니다. 동화 속에서 인간은 마녀와 사냥꾼과 늑대와 함께 문제를 겪고 해결합니다. 이때 인간, 마녀, 사냥꾼, 늑대는 「빨간모자」라는 이야기의 차원 안에서 소분류로서 동등한 지위를 부여받습니다. 인간, 개구리, 마녀, 늑대는 일차적으로는 우주 안의 다양한 존재들을 상징적으로 대표하는 기호가 됩니다.

이렇게 동물종을 통해 우주 안에서 활약하고 있는 대상들을 구분한다는 것이 무엇을 의미할까요? 우선 우주에서 벌어지는 사건들을 포착해서 판별하기 위해 인간은 그들 각자의 생태와 역할에 주목했다고 볼 수 있습니다. 자연 안에서 곰과 개구리가 있는 것은 곰과 개구리의 다름이 필요해서이겠지요. 우주는 그러한 종적 차이들이 좋게 혹은 나쁘게 합치를 이루는 매번의 모습들로 전개됩니다. 차이 나는 항들의 복합적 조합이라고 할 수 있습니다.

그런데 이렇게 종적 차이로 동등하게 하위분류할 수 있다는 말은 이들 전체를 묶어 주는 상위분류가 있다는 의미가 됩니다. 즉 이 모든 종적 차이를 존재케 하는 초월적 범주가 있다는 것이죠. 레비-스트로스는 그것을 자연 또는 우주라고 봅니다. 다음의 표를 보면 종적 차이화는 결국 추상적인 수준에서 거대한 우주론의 일부가 됨을 알 수 있습니다. 레비-스트로스는 이렇게 파악되는 우주를 "잇따른 대립으로 이루어진 하나의 연속체"『야생의 사고』 218쪽라고 합니다.

레비-스트로스는 열대를 비롯하여 전 세계의 신화를 분석해서 차이 나는 동물종들의 배치를 연구했습니다. 그리고 대강 위와 같은 예시표를 만들 수 있었습니다. 자 어떻습니까? 전체적으로는 공간과 시간의 이분화, 여름과 겨울의 이분화, 그 안에서 방위의 이분화, 또 그 안에서 색의 이분화, 식물종의 이분화가 나타납니다. 관념들은 이러한 축들 안에서 다시 정교하게 계속 배분됩니다. 그리고 이들은 거대한 종합을 향해 움직이지요.

② 이분법은 모순을 긍정한다

이분법을 통한 거대한 종합? 저 고매한 서양의 문명관도 모순을 지양하는 이분법적 변증의 논리에 바탕을 두지 않았나요?

변증법의 기본 논리는 정반합(正反合)입니다. 들뢰즈의 설명에 따르면 이 논리는 나와 나 아닌 것의 이항대립에서 출발합니다.들뢰즈, 「제1장 비극」, 『니체와 철학』 참고 '나'(정)는 늘 '나 아닌 것'(반)에 의해 정의됩니다. 변증법은 이항대립을 모순의 극복 도구로 사용합니다. 즉 항의 차이는 극복되어야 합니다. 그래서 나와 나 아닌 것 사이의 모순을 해결시켜 줄 어떤 지평이 필요합니다. 변증법적 사고가 가장 큰 활약을 한 것은 제국주의자들의 식민 지배에서였지요. 유럽을 문명이라고 하는 '정'으로 하고 그 유럽과 반대되는 시공간으로서 야만인 '반'이 논리적으로 도출되었습니다. 이때 아프리카와 중남미와 같은 다른 문명권의 모든 상식과 통념이 유럽의 '정'을 기준으로 설명되었습니다. 이 '정'은 그 자체로 긍정되지 않습니다. 반드시 반을 지양함으로써, 즉 '정'의 부정적 요소인 반을 제거함으로써 합으로의 길이 닦입니다. 19세기와 20세기의 제국주의는 문명화의 이름으로 유럽식 자본주의를 합으로 가는 '정'으로 삼았습니다.

레비-스트로스의 설명은 이것과는 다릅니다. 그는 브라질 원주민들의 이분법적 구분 논리에서 전혀 다른 논리 형식을 읽습니다. 원주민들에게 우선 '나'와 '나 아닌 것'은 부정적으로 대립하지 않습니다. 같은 저수지에 사는 개구리와 연꽃은 서로 생김과 능력이 다릅니다. 비교의 공통 척도를 갖고 있지 않습니다. 둘 사이에서 지양되어야 할 공통항은 없습니다. 이런 차이가 때로는 적대적 대립을 만들 수도 있습니다. 갑자기 개구리가 늘어난 습지에 연꽃인들 건강하게 만발할 리가 없지요. 자기 생명력을 과도히 내뿜는 것은 다른 생명력을 잠식하는 일이 됩니다.

레비-스트로스는 열대의 이분법은 바로 이런 조건에서 출발한 사고라고 봅니다. 우선 나와 나 아닌 것이라고 하는 구분이 반드시 필요합니다. 내가 먹을 대상인지(합치를 이룰 수 있을지), 내가 먹힐 대상인지(불합치를 이루게 될지)는 구분해야 합니다. 그런데 인디언들의 시야는 확실히 광대했지요. 자연 안에는 관계가 둘만 있지 않거든요. 내가 곰을 잡아먹은 덕분에 포식자에게 덜 시달리게 된 다람쥐 부족은 잠시의 여유를 가질 수도 있습니다. 또 나는 죽지만 그 몸은 썩어 다시 곰의 먹이를 낳을 대지의 양분이 되기도 합니다. 거대한 생멸의 순환 아래서 모든 관계는 상호의존적으로 얽혀 있습니다. 정과 반이라는 단순한 대립은 어디에도 존재하지 않습니다. 하나의 국면에서 적대적으로 전개된다고 하더라도 시야를 넓혀 보면 결국 순환의 리듬을 만들게 되니까요.

인디언들은 이 점에 주목해서 이항대립적 관계들을 다차원적으로 중첩시키면서 한 인간이 우주 안에서 얼마나 많은 동식물과 관계 맺으며 사는지를 보려고 했습니다. 같은 이항대립에서 출발한다지만 열대를 정복한 문명인들의 이분법과는 완전히 달랐습니다.

레비-스트로스는 야생의 사고란 결국 우주적 차원의 관계성을 통찰하려는 시도라고 봅니다. 나와 다른 것들에 끊임없는 주의를 두면서 어떻게 그것들과 생기로운 순환적 관계를 이룰 것인가? 여기에 야생의 사고가 갖는 위력이 있다는 것이지요.

마지막으로 우리, 므바야족을 잠깐 다시 방문해 볼까요? 므바야족에게는 하나의 신화가 있었습니다. 그들의 우월함과 강대함을 설명해 주는 신화인데요. 내용은 다음과 같습니다.

처음 지상에 고노엔호디라는 창조주가 있었는데 그가 사람을 만들기로 결정했습니다. 구아나족이 맨 처음 대지 위에 나타나도록 되어 있었고, 그다음 차례대로 다른 종족들이 나타났지요. 그렇게 농경은 구아나족이, 수렵은 다른 종족이, 이런 식으로 자연에 다양한 영역들이 역할별로 할당되었습니다. 그런데 인디언족 신들 중 하나인 사기꾼 신이 땅구멍 밑바닥에 므바야족이

잊혀 있는 것을 발견하고 밖으로 나오게 했어요. 그런데 너무 늦어, 이들에게는 할 일이 더이상 남아 있지 않았습니다. 그러니 므바야족에게는 다른 선택지가 없었지요. 다른 종족을 억압하고 약탈하기!

어떠세요? 정말 무시무시한 사회계약론입니다. '우주가 자신들에게 그러한 역할을 허락했으니 힘껏 그 본분에 충실하겠다!'입니다. 선악을 완전히 넘어서 있습니다. 자연 안에는 모든 일이 일어날 수 있고, 누군가는 필연적으로 다른 이를 억압하고 약탈하게 됩니다. 레비-스트로스는 비참한 강탈자의 운명을 타고난 므바야족을 동정하지 않습니다. 상호의존적 관계가 중요한 열대이니, 므바야족 사람들은 자신들의 억압과 약탈이 반드시 호의와 선물로 상쇄되어야 함을 알았을 거예요.

제6부

증여에는 끝이 없다

1. 열대, 수많은 타자들의 창발터

레비-스트로스는 카두베오족과의 만남을 뒤로 하고 좀 더 깊은 열대로 들어갑니다. 그런데 잠깐, '깊다'가 무슨 뜻일까요? 위에서부터 바닥 혹은 바깥에서부터 안까지의 거리를 의미할 수도 있고요. 은유적인 의미로 생각이 신중하거나 그 내용이 갖는 중요함을 뜻하기도 합니다. 레비-스트로스에게는 이 깊이가 좀 다른 의미로 체험된 것 같습니다. 레비-스트로스에게 '깊어짐'이란 문명이라고 하는 높이에 이르지 못하는 야만의 저 낮은 상태로 내려간다는 뜻이라기보다는 한 존재가 경험할 수 있는 관계의 광대무변(廣大無邊)함과 관련이 있습니다.

레비-스트로스가 탐방하는 두번째 부족은 보로로족입니다. 그는 볼리비아와 맞닿은 도시 코룸바에 먼저 들어섭니다. 코룸바로부터 쿠이아바는 일직선으로는 겨우 400킬로미터밖에 되지 않습니다. 그런데 1935년 무렵에는 비행기를 이용하기는 어려워서 강이 유일한 교통수단이었습니다. 레비-스트로스도 강으로 이동합니다. 제가 구글맵으로 이동 시간을 따져 보니 현대에도 비행기 이용은 어려워 보였습니다. 자동차로는 14시간 56분이 걸린다고 합니다. 와! 멉니다! 그런데 지도를 언뜻 보니 레비-스트로스가 언급하는 코렌테스 강이 보이지 않았어요. 그래서 조금 확대를 해보았습니다. 헉! 어머니들의 '빠마'한 머리카락처럼 꼬불꼬불한 물길이 코룸바로부터 길게 쿠이아바 쪽으로 뻗어 있는 것이 아니겠습니까? 와! 이러니 더 멀지요!

배를 타고 어떻게 이 '빠마'길을 오르락내리락 할 수 있을까요? 레비-스트로스에 의하면 이 강을 통과하려면 "에스티롱이스(지그재그)를 멋지게 헤쳐 나가는 기술"『슬픈 열대』 386쪽이 꼭 필요했다는데요, 물길이 얼마나 꼬여 있는지 아무리 능수능란하게 에스티롱이스를 해도 저녁 무렵에 살펴보면 겨우 아침 출발지로부터 몇 미터 거리에 있었다고 합니다. 거리상으로 보면 배를 탄 것이 아니라 소를 탔다고 해야 합니다.^^ 목적지는 참으로 멀었을 것이고 그래서 사람들은 강둑의 자카레(사람을 해치지 않는 악어)를 카빈총으로 쏘아 죽이며 심심함을 달래기도 했다고 합니다. 물론 그들은 어느 것에나 곧 흥미를 잃었고요. 멀리서는 굽이굽이 흥미진진해 보이지만, 도착할 곳이 따로 있는 사람들에게는 지루해서 속 터지는 물길이었을 겁니다.

레비-스트로스는 어떻게 생각했을까요? 그는 모두가 열대의 속도에 지쳐 가는 와중에 혼자 눈을 크게 뜨고 바쁘게 주변을 관찰합니다. "이 배를 타고 한 항해여행은 정말 멋졌다"『슬픈 열대』 385쪽라면서요. 역시 레비-스트로스입니다. 그럼 뭐가 그렇게 재미있었을까요? 아라라 앵무새들의 청색, 적색, 황금색의 비상(飛

翔), 목이 길어 날개 달린 뱀과 같은 가마우지, 인간의 목소리와 매우 닮은 앵무새와 잉꼬. 낚싯줄을 던지기만 하면 달려드는 피라냐떼.

어떠세요? 흥미진진하신가요? 저는 하나도 재미가 없더라구요. 가마우지, 앵무새, 독수리, 피라냐? 결국 '새' 그리고 '물고기' 아닙니까? 게다가 신선한 사건이라고 해야 고작 낚시입니다. 이러니 저는 레비-스트로스와 같은 배에 타고 있었다고 해도 『슬픈 열대』 같은 여행기는 쓸 수 없을 겁니다. '새란 나는 동물'인 것으로 충분하니까 말입니다.

즐거운 레비-스트로스와 지루한 저의 차이는 무엇일까요? 타고난 호기심의 차이? 동식물에 대한 관심의 차이? 여기에 생각이 미치자 문득 레비-스트로스가 남긴 이 모든 문장들이 어쩌면 더 많은 느낌과 정서를 품고 있을지도 모른다는 생각이 듭니다. 『슬픈 열대』는 한국어 번역으로 700쪽이나 되는 대단히 두꺼운 여행기입니다. 이 모든 페이지를 채우는 것은 실로 엄청나게 다양한 명사들입니다. 레비-스트로스에게 '새'라는 말은 단지 날개를 단 짐승이 아니라, 먹이와 포식자의 관계 속에서 제각각 다르게 살아감을 표현하는 존재들을 의미했습니다. 물속 사냥꾼인 가마우지의 강이 언덕의 싱어 송 라이터인 앵무새의 강과 같겠습니까? 레비-스트로스가 그토록 많은 생명체들을 언급하고, 나아가 열대에 둥지를 튼 사람들의 다양한 습속에 주의를 둘 수 있었던 것은 생명은 각자 고유한 방식으로 숲을 겪고 있다는 점을 통찰해서였습니다. 레비-스트로스가 그토록 디테일하게 열대의 구석구석을 포착할 수 있었던 것은 탐욕스럽게 열대의 정보를 긁어모으려 해서가 아니었어요. 그는 열대의 창발하는 생명력을 전체적으로 바라보면서, 각자의 자리에서 일어나는 구체적인 사건의 맥락을 파악하려고 했던 것입니다. 저에게는 바로 그런 통찰력이 없으니 풍경의 세부를 읽어 내지를 못할 수밖에요. 흑!

열대가 깊다는 말씀을 드리면서 여기까지 왔군요. 레비-스트로스는 드디어 쿠이아바에 도착합니다. 남아메리카 최대의 습지 판타날은 어느새 끝나 있었지요. 쿠이아바는 한때 금밭이었던 탓에 백인들이 일찌감치 쓸어 버린 도시입니다. 레비-스트로스가 방문했을 당시에는 예전 번창했던 시절로부터는 한참 멀어진 뒤였지만 그래도 영광의 흔적을 여기저기에서 볼 수가 있었습니다.

레비-스트로스는 마을 사람들을 관찰하기 위해 선교사나 지사와의 의례를 대충 해치우고 날마다 투르쿠스(브라질에서는 터키인이라는 뜻의 투르쿠스가 아랍인, 레바논인, 시리아인 등의 통칭으로 쓰였다고 합니다)『슬픈 열대』 390쪽 참고라고 하는 레바논 상인의 밀실에 들어갑니다. 거기서 쿠이아바의 은밀한 거래가 이뤄지고 있었지요. 상인이 도매업자이기도 하고 고리대금업자이기도 한 덕분에 레비-스트로스는 주변의 온갖 시시콜콜한 사람살이 이야기를 들을 수 있었습니다. 또 레비-스트로스는 시간을 좀 더 내어 화물 트럭을 타고 쿠이아바 일대를 횡단하기도 했습니다.

그러다 보로로족을 향해서, 더 깊은 열대로 들어갈 모든 물품이 마련되자 쿠이아바를 떠났지요.

여기서부터 레비-스트로스는 정말 즐겁다고는 딱 말 못할 온갖 어려움을 겪게 됩니다. 흥미진진한 것들을 쓰기 바빴던 그가, 황당하고 곤란한 일들 앞에서는 어떤 태도를 보일까요? 어제의 길바닥이 오늘 아침에는 홍수로 늪지대가 되어 있었습니다. 탐사 일행은 진흙탕 위에서 화물 트럭을 몰기 위해 차 두 배 길이만큼씩 통나무 통로를 계속 만들면서 이동해야 했습니다. 모랫바닥이 나타나면 나뭇가지나 나뭇잎을 깔아서 지면을 더욱 다져놔야 했고요, 흔들흔들하는 다리 위에서는 실었던 짐을 모두 내리고 이동한 뒤 다리 건너편에서 다시 싣기도 했습니다. 트럭이 움직일 길을 진흙탕 위에서 깔아 가면서 이동하다니! 무지막지한 곤란입니다.

레비-스트로스는 이런 어려움을 통과하며 이번에는 운전사를 관찰합니다. 열대의 운전사들은 이상한 사람들이었습니다. 어떤 경우에도 초조해하는 법이 없었어요. 가장 복잡한 수선도 해낼 수 있었고, 즉석에서 통행로도 만들 수 있었습니다. 어쩔 수 없이 발이 묶일 때에도 낯선 덤불숲에서 몇 주일씩이나 버틸 수 있었고요. 운전사 중에는 범죄를 저지르고 도망 다니는 이도 있었어요. 아무도 그의 비밀을 발설하지 않았지만 누구나 짐작할 수 있었지요. 그가 자신의 생명을 매일매일 모험하면서 자유롭게 쓰고 있다는 것을요. 레비-스트로스는 열대의 무자비한 압력

앞에서 오히려 자신의 능력을 시험하는 한 사람 한 사람의 놀라운 재치와 인내를 보았습니다.

또한 레비-스트로스는 저라면 '열대'라는 한 단어로 끝냈을 그 시공간의 물리적 변화에도 주의를 놓치지 않았습니다.

> 하나의 새로운 세계가 우리 앞에 전개되었다. 우윳빛이 도는 초록색의 거친 풀들도 땅속의 사암(沙巖)들이 표면에서 와해되어 생겨난 흰색·분홍색, 또는 붉은색의 모래들을 완전히 뒤덮고 있지는 못했다. 이곳의 식물군은 두꺼운 껍질, 천연적으로 광택이 나는 잎, 그리고 가시에 의해서 건기를 견디어 내며 1년의 7개월 동안을 지탱하는, 마디가 많고 여기저기 흩어져 있는 몇 그루의 관목들뿐이었다. 그러나 며칠 동안 비가 내리기만 하면 이 황량한 초원지대는 하나의 정원으로 바뀔 수 있었다. 풀들은 밝은 초록색으로 변하고, 나무는 즉시 흰색이나 자주색의 꽃들로 뒤덮이는 것이었다. 그러나 이곳에서 받는 주된 인상은 하나의 광대무변함이었다.『슬픈 열대』 395쪽

이런 변화를 느낄 수 있다는 것, 이 모든 것을 글로 쓸 수 있음이 의미하는 바는 무엇일까요? 레비-스트로스는 방관자가 아니었습니다. 레비-스트로스는 저 희고 붉은 모래들, 몇 그루 관목들, 흰색이나 자주색의 꽃들이 펼쳐진 새로운 세계 안으로 자신을 밀어 넣었습니다. 그는 광대무변한 풍경의 세부가 주는 감

각들을 향해 활짝 자신을 열면서 그들과 얽혀 들어갔습니다.

레비-스트로스에게 '깊다'라는 것은 열대로 들어갈수록 더 변화무쌍해지는 하늘과 바람, 숲의 기운들과 하나가 되는 일이 아니었을까요? 숲에는 '나'와 나를 인정해 주어야 할 '너'가 있는 것이 아니라, 나를 스치는 수많은 나 아닌 것들이 있습니다. 레비-스트로스는 그 타자들이 자신의 온 감각을 향해 달려오도록 내버려 두며, 그들 쪽으로 더 다가가기 위해 멈추어 서고, 관찰하고, 명상하며, 글을 썼습니다. 그러므로 그에게 열대의 '깊이'란 나와 타자 사이에 가능한 광대무변한 관계 전체라고 할 수 있겠습니다.

2. 포식, 얽힘의 총체적 형식

"우리 관계에 대해 생각을 좀 해봐야 할 것 같아"라고 하는 멘트는 멜로 드라마에 잘 나옵니다. 한쪽의 연인이 헤어지자고 하는 말이죠. 레비-스트로스를 따라가다 보면 주로 이런 용법으로 쓰이는 '관계'라는 말에 대해서 다르게 생각해 보게 됩니다. 위의 용법을 갖고 풀어 보자면 관계란 두 사람 사이에 맺은 합의라는 의미를 갖습니다. 너와 내가 어떤 좋은 의도를 갖고 평화롭게 사랑이나 우정 등을 나누는 모습이 떠오르지요.

그런데 한번 생각해 볼까요? 2021 도쿄 올림픽 경기 종목으로 서핑이 채택되어서 저는 파도 타는 사람을 화면으로 볼 수 있었습니다. 우선 파도 타는 일에 성적을 매길 수 있다는 것이 놀라웠어요. 다른 수상 경기는 모두 인공 풀에서 진행되지 않나요? 제가 주목한 점은 '파도를 탄다'고 하지만 과연 사람이 '탄다'라고 할 수 있느냐는 것입니다. 서퍼가 아무리 파도를 타고 싶어도 파도의 크기와 세기가 그것을 허락해 주어야 합니다. 그런데 파도에게 어떤 의도가 있을 수 없고, 파도의 모양을 좌우하는 것은 우주 전체입니다. 달과 지구의 거리, 바닷속 모래의 점성과 밀도, 대기의 압력과 바람의 방향, 그리고 서퍼의 컨디션 등. 한 번도 같은 모습일 수 없는 파도를 '타기'란 서퍼에게 어떤 일일까요? 서퍼가 타는 것을 그냥 '파도'라고 할 수 있을까요? 서퍼가 보드 위에서 파도와 관계를 맺는다고 할 때 그것은 파도와 서퍼 2자 관계로는 도저히 설명되지 않습니다. 그러니 바다와 보드, 그리고 서퍼가 잘 '합의'한다고 해서 되는 일은 아닌 것이죠.

서핑 하면 여름이니 겨울로 한번 가보겠습니다. 제가 사는 세종시에는 큰 호수 공원이 있습니다. 겨울 내내 나뭇가지마다 연이 걸려 있습니다. 연을 날린다고 할 때 '날리는' 이는 누구일까요? 내가 연을 날린다고 연이 날아갈까요? 우선 바람이 맞아야 합니다. 좋은 바람을 맞아 기운차게 쭉쭉 연줄을 뽑아 올릴 때 손가락 끝까지 뭔가 묵직하고 짜릿한 긴장감이 전해 오지요. 더 높이 더 멀리 가고자 하는 저 연에게도 '의지'라고 할 만한 것이 있을까요? 그리고 연줄을 통해 전해 오는 이 기운은 바람과 연 중 누가 만든 것일까요? 서퍼도 연 날리는 사람도 파도를 타며 연을 날리며 더는 '인간 그 자체'로는 존재할 수 없게 됩니다.

다시 열대로 돌아가겠습니다. 열대에서 가장 중요한 관계는 '포식'입니다. 열대의 포식에 얽힌 드라마를 따라가다 보면 관계란 절대로 '좋을 수만은 없음'을 확실히 알게 됩니다. 관계란 서로가 등가적으로 애정이나 업무를 교환하는 일이 아닙니다.

열대에서는 서로 먹고 먹히는 사이로서밖에 존재할 수 없습니다. 외부에서 에너지를 공급받아야지만 신체를 유지할 수 있는 생명체이기에, 존재는 어쩔 수 없이 타자들을 먹어 가며 살아야 합니다. 그런 식으로 각자는 반드시 너에게 의존하게 됩니다. 인간과 동물이 결혼하는 신화는 차고 넘칩니다. 곰과 인간이 결혼하는 식의 옛이야기들은 말해 줍니다. '곰아, 네가 잡아 먹으려는 이 인간은 한때 너의 남편이었단다. 인간아, 네가 잡아 먹으려는 이 곰은 한때 너의 자식이었단다.' 이런 이야기는 혈연관계로 포식관계를 감싸 안음으로써 자기가 먹는 것이 결국 자신의 가족이라는 점을 놓치지 않습니다. 자연이라는 먹고 먹힘의 거대한 연쇄 속에서 서로는 피로써 피를 갚는 부채 관계임을 명심하지요. 그래서 동물에게 먹히는 것은 빚을 갚는 일이(한때 내가 너희를 먹었으니), 동물을 잡는 것은 부채가 탕감되는 일이(그때 진 빚을 갚기 위해 나에게 왔구나) 됩니다. 이렇게 피의 채무 관계 속에서 서로는 깊이 의존하는 가족이 됩니다.

에두아르도 콘(Eduardo Kohn)이라는 인류학자는 이 '포식' 개념을 통해 어떻게 우리가 타자를 경유하면서 자아를 만들어 가는지를 설명합니다. 콘의 연구 무대도 아마존 숲입니다. 레비-스트로스의 '열대'지요. 콘은 아마존 늪지에 사는 재규어들과 그들과 함께 사는 루나족의 독특한 사냥 습관을 분석했습니다. 루나족은 숲에서 예상치 못하게 재규어를 맞닥뜨리게 되면 반드시 녀석의 눈을 정면으로 응시해야 한다고 합니다. 루나족은 이것을 '재규어가 되는 일'로 이해합니다. 왜냐하면 재규어의 눈에 재규어로 비춰져야 하니까요, 만약 재규어가 그를 '재규어가 아닌 것' 예를 들면 한낱 인간으로 본다면 먹어도 될 것으로 이해해 버린다는 거지요.에두아르도 콘, 『숲은 생각한다』 차은정 옮김, 사월의책, 2018 참고

콘은 포식의 회로를 좀 더 크게 그려 봅니다. 재규어와 눈빛 교환에 성공한 인디언은 아마 그 국면에서 살아남게 될 겁니다. 그런데 어쩌다 다른 날 숲에서 재규어를 잡을 수 있는 기회를 포착하게 될 수도 있겠지요. 그러면 그는 한때 자신이었던 재규어를 죽여야 합니다. 나였던 나를 죽임으로써 나를 살린다?

콘은 우리 각자가 '나'라고 하는 독립된 주체로서 존재하지 않는다고 봅니다. 나의 혼돈과 나의 소멸이야말로 나라고 하는 것을 유지하기 위한 기본 양식입니다. 내가 재규어의 관점과 나의 관점을 혼동할 수 있어야 살 수도 있고 사냥에 성공할 수도 있기 때문입니다. 나를 나로서 붙들어 매 주는 '고정점'이란 없지요.

그레고리 베이트슨(Gregory Bateson, 1904~1980)이라는 인류학자는 이렇게도 묻습니다. 우리는 어디에서 '자기'를 시작하는가? 어디서부터 자기라고 할 수 있는가? 베이트슨이 들고 있는 예는 지팡이를 쥔 오이디푸스였습니다.그레고리 베이트슨, 『마음의 생태학』 박대식 옮김, 책세상, 2006 참고 스핑크스는 인간을 아침에는 네 발, 점심에는 두 발, 저녁에는 세 발인 존재라고 정의했지요. 이때 지팡이는 이미 그 인격의 한 부분으로 되어 있습니다. 자기란 관계 속에서 확장되고 변형될 수 있습니다. 서퍼에게 보드를, 연 날리는 이에게 연을 분리할 수 있을까요? 관계의 주체라고 할 수 있는 이 '나'가 고정될 수도 없고 확정될 수도 없다면 관계란 도대체 뭐라

고 해야 할까요? 콘은 나(자기, self)를 수많은 타자들과의 얽힘이라고 합니다. 관계란 얽혀 가는 일이고, 그 함께로서 공생하는 전체로서의 숲이 있습니다. 그렇다면 '나는 보드이고 파도이고 바람이고 하늘이다'에까지 마음이 미치는 것이 얽힘의 최종 형식이 됩니다.

에두아르도 콘의 책 제목은 '숲은 생각한다'입니다. 이 제목이 은유가 아니라고 콘은 몇 번이나 말합니다. '내'가 '타자'와 '맺는' 관계란 따로 없습니다. 내가 타자이고 타자가 나이고 그러한 얽힘과 혼동 속에서 생존의 드라마가 펼쳐질 뿐입니다. 더 오래더 잘 산다는 것은 이 얽힘의 수준이 높다는 말이 되겠지요. 레비-스트로스식으로 바꿔 말하자면 더 많이 얽히는 것이 곧 깊어지는 일이 됩니다.

하나 더! 에두아르도 콘이 아주 중요하게 지적하는 대목이 있습니다. 다른 자기들을 알아볼 수 없고 또 그것들과 관계할 수도 없는 무능력이야말로 "모나드적 유아론이라는 고립된 상태"에두아르도 콘, 『숲은 생각한다』, 204쪽라 할 수 있는데, 이 지경이 되면 숲속의 악귀가 된다고 합니다. 누군가에게 먹힐 수도 누군가를 먹을 수도 없는 고립, '나'라고 하는 개체적 고집에만 머무르는 존재들을 숲은 가장 두려워한다지요.

레비-스트로스는 기원에 관심이 없는 인류학자입니다. 그는 왜 하필 아프리카에서 현생 인류가 출현했을까? 왜 하필 보로로족은 그런 문화를 갖게 되었을까? 등을 질문하지 않습니다.

레비-스트로스는 『신화학』이라는 책을 시작하면서 인류 신화의 모범으로 보로로족의 신화 '새 둥지 터는 사람 이야기'를 다루는데요, 이때에도 굳이 이 신화로 시작할 이유는 따로 없다고 합니다. 레비-스트로스는 호모사피엔스인 이 인류의 의식 저층에서 일어나는 사고 작용에 관심을 둡니다. 보로로족의 옛이야기는 그런 원형적 사고 작용의 한 변용태일 뿐입니다.

그런 레비-스트로스가 왜 자신의 기행문에 '슬픈 열대'라는 이름을 붙였을까요? 레비-스트로스에게 '열대'는 아마존으로 대표되는 지도상의 장소라기보다는 인류의 근원적 삶을 떠올리게 하는 말입니다. 레비-스트로스가 야생과 문명을 가르는 가장 기본적인 조건으로 보는 것은 '인구수'입니다. 인구수가 증가하면 인류는 직접적으로 타자와 만나는 길을 닫을 수밖에 없습니다.레비-스트로스, 『레비-스트로스의 인류학 강의』, 류재화 옮김, 문예출판사, 2018, 53~59쪽 참고 레비-스트로스가 보기에 다양성의 최적 상태를 모색해야만 하는 인류에게 인구수가 계속 늘어나는 것은 치명적이지요. 과밀한 인구는 만물을 가장 적합한 방식으로 관계 맺지 못하게 할 겁니다. 전염병이 그 대표적 예가 되겠지요. 동식물을 엄청난 인간종을 버티게 하는 수단으로 삼은 까닭에 인수공통 감염병이 발생하고 퍼지니까요.

수렵의 열대에서는 인구를 많이 늘릴 수도 없고 해서 가족의 규모가 작아집니다. 부족이라고 하는 생존 단위는 더 중요해지고요. 무엇보다 숲속의 수많은 동식물들과 직접적으로 먹고 먹히면서 살아야 하다 보니 삶에서 마주치게 되는 '외부'의 차원이 다채로워집니다. 그러니 레비-스트로스의 '열대'란 창발하는 온 관계들의 깊이를 의미하는 말이 됩니다.

3. 호혜, 상호부조의 기술

어떤 일을 바라볼 때, 그것을 한 개인의 의도나 의지 문제로 돌리면 사건의 성패나 과오를 판단하기가 쉽습니다. 너는 왜 엄마 말을 잘 안 듣니? 너는 왜 공부를 안 하니? 와 같이 엄마들이 매일같이 하는 잔소리도, 그 근저에는 누군가의 말을 따르고 공부를 하는 것을 모두 개인의 '의지' 문제로 돌리는 태도가 있습니다. 이런 말투의 효과는 단 하나입니다. 의지를 잘 발휘하지 못한 사람에게 책임을 지우기 좋다는 것! 하지만 문제는 그 누구도 혼자 나서 크고 살아가지 않는다는 데에 있습니다. 그런 의미에서 레비-스트로스에게도 신선한 충격을 주었던 열대의 '자아관'을 살펴보겠습니다. 인디언들은 누구도 자신을 '의지'를 발휘해야 하는 독아적인 주체로 바라보지 않았습니다. 그럼 어떻게?

『슬픈 열대』 6부 22장, 23장입니다. 죽을 둥 살 둥 고생해서 레비-스트로스 일행은 조금 더 깊은 곳에서 살고 있는 보로로족을 만나게 됩니다. 마을 사람들은 이들을 낮밤으로 환영해 주었습니다. 탐험대의 도착 소식을 이야기하며 웃고 북새통을 벌이기를 며칠이었습니다. 레비-스트로스는 감탄하면서 바라봅니다. '타자를 향해 사심 없이 두 팔 뻗을 수 있는 이 개방적이고 소탈한 마음은 어떤 우주관으로부터 나온 것일까?'

보로로족은 카두베오족보다 훨씬 더 원시적인 생활을 하고 있었습니다. 마을 사람들은 변변한 가재도구도 옷가지도 갖고 있지 않았어요. 다시 한번 말씀드리지만, 서양 사람들의 눈에 그렇게 보일 거라는 말입니다. 우리의 레비-스트로스 선생님은 조금 다른 것을 보시지요. 남자들은 대단히 장식하기를 좋아했습니다. 그들은 머리부터 발끝까지를, 얼굴은 귀 밑부분까지를 모두 붉은색 염료로 칠하고 있었고요. 걸친 것은 단지 성기 덮개뿐이었는데 이 덮개의 무늬가 저마다 다르고 개성이 있었습니다. 이마나 양쪽 뺨, 입 언저리에는 말굽 모양의 그림이 그려져 있기도 했고 몸에는 진주조개 가루가 섞인 분말이 여기저기에 장식되어 있었습니다.

여기에 비해 여자들은 조금 소박한 차림이었어요. 그녀들은 허리에는 나무껍질로 된 허리띠를 차고 가슴과 어깨 위에는 무명을 이중으로 엮은 천을 둘렀습니다. 아래로는 우루쿠라는 붉은 염료에 적신 무명옷을 입고 있었습니다. '남성들이 훨씬 더 화려하고 개성적인 것처럼 보이는 이유는 무엇일까? 이 마을의 인간관계는 어떤 방식으로 조직되어 있을까?' 레비-스트로스는 궁금했습니다. 그래서 그는 일단 사람들이 살아가는 공간의 지세를 전체적으로 읽으면서 지물(地物)들의 배치를 살펴보기로 했습니다. 아침에 일찍 일어나 마을을 한번 휘 돌아보았지요.

레비-스트로스는 마을의 오두막 배치에서 어떤 규칙성을 발견했습니다. 마을은 우리라면 배산임수(背山臨水)라고 할 조건에서 가옥을 배치하고 있었습니다. 한쪽으로는 강이 흐르고 있었고 다른 쪽은 숲과 연결되어 있었던 것이죠. 전체 오두막은 모두 스물여섯 채였는데요, 둥글게 원을 그리고 있었습니다. 중심에는 길이가 20미터, 폭이 8미터 정도 되는 큰 오두막이 있었습니다. 이 오두막은 남자들의 집으로 '바이테만나제오'라고 불리고 있었습니다. 미혼의 남자들은 모두 이곳에서 잠을 잤습니다. 그리고 사냥 및 고기잡이 혹은 어떤 의례가 있는 때를 제외하고 보통 때에도 마을의 성인 남자들은 낮에 이곳에 모여 시간을 보냈습니다. 그러고 보니 마을의 테두리 역할을 하는 오두막들은 모두가 가족들이 거주하는 곳이고 또한 여성들의 집이었습니다. 기혼한 남자들은 바이테만나제오와 아내의 집을 왔다갔다하면서 지내는 셈입니다.

이 지면 배열은 다시 상하로 구분되어 있었습니다. 부족은 두 개의 반족으로 이루어져 있었는데요 이를 위와 아래로 나누어 배치한다고 할 수 있습니다. 바이테만나제오에는 두 부족 출신의 미혼남들이 섞여 있는 셈이지요. 상과 하로 나눠진 반족은 다시 '상중하'로 분화되어 있었습니다. 여자들의 집은 이 분화의 선분을 따라 계층적으로 나뉘어 있었습니다.

그럼 지면 배열의 논리를 알아보겠습니다. 레비-스트로스가 머문 이 마을에서는 북쪽 사람들은 '세라'라고 하고 남쪽 사

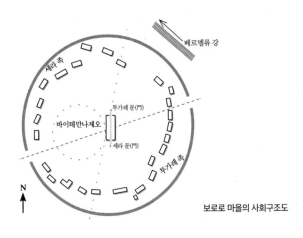

베르멜류 강

세라 족

투가레 문(門)

바이테만나제오

세라 문(門)

투가레 족

N

보로로 마을의 사회구조도

람들은 '투가레'라고 했습니다. 세라족은 '약한'을 뜻하고 투가레
는 '강한'을 의미합니다. 그런데 강해서 좋고 약해서 나쁘다라고
하는 어떤 가치 판단된 개념은 아니었습니다. 이 마을에서 각각
의 개인은 그의 어머니가 따르는 집단에 영구히 소속됩니다. 아
들은 결혼해도 어머니에게 속합니다. 결혼은 반드시 족외혼이어
야만 합니다. 그래서 각 부족 사람들은, 예를 들면 세라족의 상층
남성은 투가레족의 상층 여성과만 결혼할 수 있게 됩니다. 나의
어머니가 세라라면 나는 죽을 때까지 세라이고 아내는 투가레여
야 합니다. 집은 여자들에게서 여자들로 상속됩니다. 보로로족
남성은 결혼과 동시에 아내의 집으로 건너가지만 그곳에서는 절
대로 '집에 있다'는 감정을 느낄 수 없습니다. '그가 친밀함을 느
끼는 그의 집'은 어머니가 계신 곳 그러니까 누이의 남편들이 있
는 곳입니다. 그렇기 때문에 아내의 남자 형제들이 집에 찾아오

기라도 하는 날에 그는 좀 답답함을 느낄 수도 있습니다. 아내의 집은 아내의 남자 형제들을 위한 곳이기도 하거든요. 그럴 때 남편은 잠깐 자기 집에 다녀오면 됩니다.

레비-스트로스의 결론을 말씀드리겠습니다. 보로로족 사람들은 그 누구도 홀로, 개인으로 존재할 수 없었습니다. 그들은 부족이 살아가는 지면 배열의 엄격한 규칙에 따라 자기 위치에 맞게 살아갑니다. 게다가 그 위치는 분산적입니다. 각자는 지면 배열에 따른 위치값에 의거해 성격, 재주, 능력을 결정받습니다. 혼자 무슨 의지를 발휘하고 말고 할 수가 없습니다.

지면 배열에 따른 존재 구속은 철저했습니다. 그럼 이런 조직 관계도에 얽혀 있는 개인에게 자신의 의지대로, 개성대로, 사회 속 역할과 위치를 가져갈 자유란 없는 것일까요? 네, 없습니다.

레비-스트로스는 더욱더 깊숙이 이들을 관찰해 들어갔습니다. 이들은 분명 지면 배열에 따른 위치를 자기 운명으로 받아들이면서 살아가고 있었습니다. 그런데 흥미로운 것은 지면 배열에 구성의 원칙이 있다는 점이었습니다. 첫째, 모든 위치는 중복을 피하도록 조정되고 있었습니다. 둘째, 이렇게 배열된 위치들은 상보적 합치를 목표로 서로 의존했습니다.

보로로 마을 속으로 다시 들어가 보겠습니다. 사회 전체는 일단 남성과 여성으로 분화됩니다. 중심에 있는 '바이테만나제오'는 남성의 공간이고 그것을 둘러싼 가족의 집은 여성 공간이니까요. 장례와 같은 부족의 의례는 모두 바이테만나제오에서 준비되고, 여성은 의례의 방관자가 되어 그저 바라보는 역할만 하게 됩니다. 각 남성들의 사회와 각 여성들의 사회가 반족에 의해 기능분화되어 있습니다. 대지와의 관계에서 약한 세라족은 부족의 인간적 문제에 더 깊이 개입합니다. 그래서 그들은 정치적·종교적 의례 기능을 주로 담당합니다. 반면 강한 투가레족은 물리적 우주에 보다 밀착해 있는 까닭에 영적인 임무를 훨씬 더 적극적으로 맡습니다.

부족 안에서의 결혼이 반드시 족외혼이어야 한다는 것은 이들이 제각각의 위치값 간의 상보적 관계를 삶의 목표로 한다는 것을 말해 줍니다. 여성에게는 자궁만 있고 남성에게는 정자만 있다, 세라족에게는 문화를 관장할 능력만 있고 투가레족에게는 숲과의 친밀한 관계만 있다. 그러니 어떻겠습니까? 각자의 능력은 각자의 한계이기도 하기 때문에 서로는 서로를 필요로 하게 됩니다. 그래서 출산과 장례는 서로의 손을 빌리지 않을 수 없는 방식으로 의례화되어 있습니다. 세라족 일원이 죽는다면 장례는 반드시 투가레족에서 주관하는 방식으로 말이지요.

이 부족에서 각자는 절대로 대체될 수 없는 고유한 위치값으로서 부족원들에게 받아들여집니다. 저는 상상해 봅니다. 이것은 분명 마을 앞길의 잡초를 뽑는 일도 아무나 할 수 없을 정도로 정교한 관계의 배치일 겁니다. 아무리 작은 일이라도 나 하나 멈추면 마을 전체가 돌아가지 않게 되어 있겠지요. 누군가 하루쯤 몸이 안 좋아 자기 할 일을 못했다면 마을 안에서 금방 표시가 날 것입니다. 부모 역할을 비유로 가지고 와 보겠습니다. 누군가의 엄마가 되면 아파도 멈출 수 없는 일이 있지요. 어린 새끼의 밥을 마련해야 하고 당장의 입을 거리를 마련해 주어야 합니다. 보로로족 구성원들은 거의 이 정도로 관계에 대한 의무를 느끼지 않았을까요? 보로로족 안에서 성인이 된다는 것은 위치를 갖는다는 의미입니다. 그래서 미성년의 아이들은 거의 유령처럼 취급되기도 했습니다.

하나 더. 그런데 아무리 그렇다 해도 이것은 남녀 차별이 아닌가? 싶은 대목도 있긴 합니다. 이 부분도 레비-스트로스를 따라 다시 생각해 보겠습니다. 확실히 남자들에 의해 보로로족 사회의 모든 주요한 일들이 결정되기는 합니다. 부족의 샤먼도 오직 남자만 할 수 있습니다. 그런데 이것을 남성중심적 차별 사회라고 진단하려면 그 문화 안에서 작동하는 '통치자' 권력의 성격과 위상을 따져 보아야 합니다.

한 성이 차별받는다고 할 때에는 반대편 성이 문화의 척도 역할을 해야 합니다. 하지만 이런 상보적 호혜의 사회 안에서는 두 성 모두 서로에게 의존할 수밖에 없기 때문에 차별은 일어날 수 없습니다. 보로로족의 장례식 때 바이테만나제오에서 화려하게 죽은 자처럼 차려입고 의례를 주도하는 자는 분명 남자입니다. 반면 여자들은 오두막 밖으로 거의 나오지 않고 그 모든 의례를 관망합니다. 그런데 이것은 여성을 의례로부터 배제하기 위해서가 아니라, 여성을 자연 즉 삶이라고 보고 남자를 그에 대비되는 문화라고 보는 상징적 이분법 때문입니다. '자연은 죽음을 둘러싼 사건들에 개입하지 않는다, 자연은 그것을 관망하며 그 자체로 활기를 보존한다!'입니다. 산 자는 죽은 자가 오고가는 일에 관심을 둘 필요가 없다는 확고한 우주관에 따른 의례적 배제인 셈입니다.

이반 일리치(Ivan Illich, 1926~2002)의 연구에 따르면 중세의 농업 문화 안에서도 성차(gender)는 중요한 삶의 구분선이었다고 합니다. '베기는 남자가 줍기는 여자'라는 식으로 모든 노동은 성차적으로 이분화되어 있었습니다. 남성이나 여성은 다시 나이에 따른 역할 구분을 따르게 됩니다. 그래서 한 사람의 남자나 한 사람의 여자는 일생 동안 그 마을 안에서 주어진 여러 역할을 통과하면서 늙어 가게 됩니다. 사춘기 소녀만 만질 수 있는 바늘이 있고, 할머니만 다룰 수 있는 베틀이 있다 이런 식인 겁니다. 그런 배치 안에서 사람은 늙어 가면서 자기 역할을 바꿉니다. 그는 마을 안에서 관계 맺는 항들을 달리하면서 점점 더 넓은 인연의 그물 속으로 얽혀 들어가게 됩니다.이반 일리치, 『젠더』, 허택 옮김, 사월의책, 2020 참고

이반 일리치는 여기서 '호혜'의 개념을 봅니다. 호혜란 '각자가 가진 고유한 능력의 한계 때문에 삶의 복잡한 국면을 돌파하기 위해서는 서로 도울 수밖에 없다'라는 개념입니다. 내가 가진 것이 남아돌아서 누군가에게 뭔가를 시혜하는 식의 원조와는 확

실히 구별됩니다. 레비-스트로스가 본 보로로족의 지면 배열은 바로 이런 호혜의 공생 관계를 가시적으로 표현해 준다고 할 수 있습니다.

여기서 주의할 점이 있습니다. '호혜'라고 하는 장치가 이토록 강하게 걸려 있다는 것이 무엇을 의미할까요? 레비-스트로스는 보로로족의 문화 안에도 충분히 '적대'라고 할 만한 요소가 있음을 간파합니다. 마을의 각 반족들은 자존심이 대단해서 경우에 따라서 상대편 반족을 극렬히 질투하기도 했습니다. 그런데 자세히 살펴보니 그 질투는 같은 능력을 가진 자들이 벌이는 성취에 대한 비교는 아니었습니다. 보로로족은 자기 관대함의 과시를 자랑하지 못해 안달이기는 했지요. 그런데 그것은 '나는 네가 나 없이는 삶을 꾸려 나갈 수 없다는 것을 이 정도까지 보여 줄 수 있다!' 였습니다. 옴마나~ 자기가 얼마나 많은 의무를 질 수 있는지, 자기가 얼마나 많은 관계 속에 얽혀 있는지, 그것이 최고의 자랑이 되는 곳이 바로 보로로 마을이었습니다.

레비-스트로스가 보로로족 사람들로부터 그토록 극진히 환대를 받았던 것도 따지고 보면 마을 사람들이 착해서라기보다 도대체 뭘 가지고 들어올지 모르는 이 낯선 자를 온갖 물건과 애정으로 감싸 길들이려 해서가 아닐까요? 지면 배열이 이토록 중요한 사회에 이방인이 들어온다는 사실은 대단히 위험한 일이 되겠지요. 그를 어디에 두느냐에 따라 마을의 질서에 변화가 따라오게 될 테니까요. 그래서 레비-스트로스는 샤먼의 집에 머물

렸습니다. 샤먼은 그 역할이 '삶과 죽음 경계에 서 있다'거든요. 나그네인 레비-스트로스의 위치는 길고 긴 인류학 탐사 기간 내내 '경계'에 있었습니다.

4. 창발하는 혼과 감사하는 나

지면 배열에 따른 공생의 철학이 보로로 사람들의 일생을 좌우합니다. 한 사람의 행동을 결정하는 것은 그의 주관이 아니라 마을 전체 안에서 사람들의 역할을 배분해 놓은 관계도의 배치입니다. 그래서 보로로 사람들은 늘 이 점을 염두에 둡니다. '열대에서 보로로족은 어디에 위치하는가?', '보로로족 안에서 우리 가문은 어디에 위치하는가?', '우리 가문에서 나는 어디에 위치하는가?' 바꾸어 말하면 이들 각자의 역할은 누구의 아들인가, 부족의 어떤 계층에 속하는가에 따라 결정됩니다. 심지어 사람들의 능력마저 그 자리가 결정합니다. 레비-스트로스가 든 다른 예에는 부족을 위해 피리를 불고 그림을 그리는 사람이 나오는데요, 그는 절대 자신이 '재능'이 있다고 생각하지 않았습니다. 그는 자기가 그 자리에 있으니 남들보다 연주하고 표현하는 일을 잘할 수밖에 없다고 생각할 뿐이었지요.

이렇듯 늘 관계만 생각해야 하니 피곤한 삶일 수도 있겠습니다. 하지만 그들의 신산한 삶이 직면하는 곳은 말 그대로 열대, 바다보다도 큰 습지와 다종다양한 생물들이 제 살길을 찾기 위해 전력 질주하는 곳입니다. 재치 있게 재규어를 피하고 쓸모 있게 식물을 이용해 가며 살기 위해서는 서로서로 힘을 합치지 않으면 안 됩니다. 그렇게 보로로족을 비롯해서 열대의 모든 사람들은 거친 자연과 함께 공생의 지혜를 계속 추구할 수밖에 없습니다.

저는 나라는 존재를 이해하기 위해서 늘 관계를 먼저 생각해야 하는 습관이 불편할 때가 많습니다. 누군가의 아내, 누군가의 엄마. 이렇게 내 가족 하나만 떠올려 보아도 해야 할 일들이 쓰나미처럼 몰려오는 것 같아, 문득 좀 쉬고 싶다는 생각부터 듭니다. 그런데 열대 사람들은 어떻게 그 모든 관계를 이해하려고 그토록 열심일 수 있을까요? 저는 그들이 관계에 대해 구체적으로 어떻게 생각하는지가 궁금합니다. 그래서 이 장에서는 레비-스트로스를 따라 열대식 공생의 기본 원리인 '관계 속에서 나를 바라보기'란 어떤 것인지를 조금 더 생각해 보도록 하겠습니다.

① 고유명, 나의 무능을 알리는 표식

우리는 아직 보로로 마을에 있습니다. 레비-스트로스는 지면 배열을 사회계약으로 삼고 살아가는 보로로족 사람들을 관찰하면서 그들이 사람을 어떤 존재로 바라보는지를 이해하게 됩니다. 지면 배열이라는 규칙이 절대적이라는 말은 무엇을 뜻할까요? '사람에게는 모두 제자리가 있다'입니다. 그리고 보로로족은 이 관념을 자연 전체로까지 확장합니다. 만물은 모두 제자리를 갖는다! 그러므로 그 자리들의 조화로운 맞물림이야말로 좋은 삶을 이끌게 될 테지요.

그런데 '자연의 어떤 존재도 자기 자리를 갖는다'는 이 명제를 작동시키는 데에는 현실적인 어려움이 있습니다. 자연의 어떤 존재도 생멸의 법칙을 벗어날 수는 없으니까요. 고유한 자리가 가끔씩 비기도 하고, 빈 자리가 없는데 누군가가 태어나기도 하지요. 또 그 자리에 맞춤하게 들어가야 할 사람이 도무지 그 자리와 어울리지 못하는 일도 일어납니다. 보로로족은 이런 실존의 곤란을 어떻게 타개했을까요?

레비-스트로스는 한 인간의 관계성을 가장 잘 나타내 주는 지표인 이름에 주목해 보았습니다. 보로로족에게는 독특한 명명법이 있었는데요. 그것은 어떤 개인도 자기 이름을 스스로 지을 수는 없다는 것입니다. 보로로족 사람들은 대단히 수동적으로 이름을 쓰고 있었습니다. 이름은 그 이름의 대상이 되는 주체의 성격이나, 개성, 운명을 암시하기보다는 양쪽 부모의 정신 상태나, 그가 속한 문화 자체의 위기를 드러내는 기호로 작용했지요. 때로는 아이의 이름이 죽음, 가난, 불행, 이웃 간의 악의를 뜻하기도 했는데요. 그것은 "그 이름을 붙이는 사람이 자기가 행위의 주체가 아니고 대상, 즉 타인의 시샘과 원망의 희생자라고 생각하기"『야생의 사고』 266쪽 때문이었습니다. 그래서 '바위에서 죽다' 같이 불리는 사람도 있었습니다. 무슨 저주 같지요? 그런데 이 이름은 단지 '그의 부모가 어떤 날 어떤 바위에서 그런 사건을 겪었다'를 의미할 뿐입니다. 이렇게 이름은 그 이름을 받는 사람보다 먼저 존재합니다. 한 인간은 어떤 사건의 파생물로 존재하지요. 이때 사람들은 우연과 필연의 동시성을 깊이 음미한 것으로 보입니다. 상황이 달랐더라면 '바위에서 죽다'에게는 다른 이름이 주어질 수도 있었겠지요, 하지만 그의 출현은 온 우주가 만든 '바위' 사건의 필연적 결과입니다.

레비-스트로스는 보로로족이 한 아이에게 이름을 주기 위해 다루어야만 하는 관계들에 어떤 것이 있는지를 살펴보았습니다. 그랬더니 놀랍게도 아이의 이름을 결정하는 최종 변수는 죽은 자임을 알 수 있었습니다. 나중에 레비-스트로스는 『야생의 사고』에서, 이때 잠깐 언급했던 상명(喪名)으로서의 이름학을 보르네오 섬 내륙에서 유목 생활을 하는 페낭족의 인명 체계로 보다 상세하게 설명합니다. 우리도 잠깐 페낭족의 명명법을 알아보겠습니다.

페낭족 사람이라면 누구나 개인명, 친명(親名), 상명(喪名)이라는 세 개의 이름을 쓴다고 합니다. 친명과 상명은 관계의 이름이며, 개인명은 이 둘에 대립하는 성질을 갖습니다. "본명은 다만 '자기'를 다른 '자기'와의 대비로서 규정하는 것뿐이다."『야생의 사고』 282쪽 페낭족에게 고유명이란 무엇일까요? ⓐ고유명은 복잡한 체계에서 독립된 범주를 구성하지 않습니다. 고유명은 이름의 체계 바깥에 위치합니다. 우리 식으로 바꿔 보자면 거의 '별명' 같은 것으로서 학교에 들어가거나 입대나 입사에서는 전혀 효용을 발휘하지 못하는 이름이라고 할 수 있습니다. 사람들은 이름을 '받는다'고 생각하며 그런 받음을 통해 한 부족 내부로 '들어가게 된다'고 생각합니다.「야생의 사고」 287쪽 참고

ⓑ고유명을 쓴다는 것은 사회의 가장 주변인이 됨을 의미합니다. 즉 일반적인 사회 구성원들 아래에 종속된다는 뜻이지요. 그래서 주로 고유명으로 불리는 존재들은 대부분 아이들입니다. 왜냐하면 그들은 미숙해서 사회 안에서 별다른 역할을 가질 수가 없기 때문이지요. 레비-스트로스는 보로로족 아이들이 자기 고유명을 감추기 위해 애쓰는 장면을 재미있게 기술합니다. 아이들은 종종 있는 다툼에서 화를 참을 수 없을 때면 고유명을 뱉곤 했거든요. 그 누군가에게 필요가 되지 못하는 독아적인 이름을 쓰는 것은 마을 안에서는 수치였을 겁니다. 종합해 볼까요? 고유명이란 '위치를 부여받지 못한' 인간의 표시입니다.

그럼 페낭족의 고유명을 쓰는 자들은 언제 위치명을 부여받게 될까요? 기본적으로는 누군가가 죽을 때입니다. 자연 전체에 정해진 위치란 다 따로 있기 때문에 그 위치값을 전부 누가 채우고 있다면, 태어난 자는 아무리 애를 써도 비집고 들어올 수가 없습니다. 그러므로 아이들은 자기 고유명에서 해방되기 위해서 누군가가 죽기를 기다리는 처지에 있게 됩니다. 죽음이 있지 않으면 산 자는 자기 자리를 가질 수 없습니다. 태어난 아이는 상실을 대체하기 위해 부족 안으로 들어옵니다. 그렇게 들어오게 된 존재는 상명을 씀으로써 비로소 '자기다운' 삶을 시작합니다.

그런데 여기서 또 문제가 발생합니다. 바로 그 위치가 비었기 때문에 새로 누군가에게 그 자리에 가라고 하는 식의 명명법이지만, 사람은 누구도 같지 않지요. 뿔피리를 만들어야 하는 위치에 있는 자가 죽은 뒤로 친척 아이 중 누군가가 그 자리에 들어가기는 했지만, 아이가 죽은 자가 만든 것과 똑같은 뿔피리를 만들어 내지는 못할 테니까요. 그렇기 때문에 마을 사람들은 달라진 뿔피리 소리와 함께 의례의 세부라든가, 마을의 일상을 다른 방식으로 가져가게 됩니다. 지면 배열을 기본 바탕으로 하고 상명에 의해 개개인에게 위치를 정해 주는 이런 방식은 실제로는 죽음과 탄생이라는 사건과 함께 매번 미묘한 비틀림을 겪게 됩니다.

레비-스트로스가 보기에 원시 부족의 인디언들이 이 모순을 충분히 알고 있었습니다. 자연은 모순을 모르지요. 봄·여름·가을·겨울, 버드나무와 연꽃, 개구리와 오리는 같은 저수지에서 제 나름의 시련을 겪으며 선의를 베푼다는 의도 없이 공생의 무늬를 만들며 삽니다. 문제는 인간이고 인간의 사회입니다. 독아적으로 살 수 없다는 인간의 조건 때문에 사람들은 우주를 마주하는 그들 나름의 논리적 형식을 만들어야 했고, 그 형식으로 자연적 삶을 재단하다 보니 모순이 일어나는 것입니다. 그런데 레비-스트로스가 보니 열대의 사람들은 자신들의 우주론인 신화가 사람이 태어날 때마다 모순을 일으키게 된다는 것을 놓치지 않았을 뿐만 아니라 그 모순의 지점을 보다 입체적으로 이해하기 위해 '이름'이라는 기호를 쓰고 있었습니다.

저는 다시 상상해 봅니다. 만약 아까 그 아이가 아무리 해도 뿔피리를 불 수가 없다면 어떻게 하면 좋을까요? 그 아이를 결혼시킨다든가 누군가의 양자로 보냄으로써 다른 위치로 보내면 됩니다. 다시 빈 뿔피리 자리에는 또 누군가가 들어오게 되겠지요. 아이는 뿔피리를 불지 못해 슬플 것도 기쁠 것도 없을 테지요.

② 나를 움직이는 나의 '바깥'

자연의 모든 것들은 자기 자리를 갖습니다. 그런데 주의해야 할 것은 원시의 인디언들에게 이 자리는 고정되어 있지 않다는 점입니다. 고유명에서 상명(喪名)으로, 여기서 다시 자식이 태어난다든가 하면 친명(親名)으로! 이렇게 사람은 일생 동안 몇 개의 위치를 옮겨 다니게 됩니다. 이런 명명법이라면 인디언들에게는 타고난 재능과 획득한 스펙을 담을 빈 그릇으로서의 '자기'란 없다고 해야 합니다. 그렇다면 이들은 인간을 어떻게 이해하는 것일까요? 도대체 이 자리, 저 자리를 들어갔다 나왔다가 하는 존재로서의 인간이란 무엇을 의미할까요?

보로로족 중에는 비교적 하나의 위치를 오래 갖고 있어야 하는 이가 있습니다. 사람들은 그를 '바리'라고 불렀지요. 온갖 화려한 장식을 하고 마을 끝자락에 둥지를 틀고 살아가는 '바리'는 주술사입니다. "바리(주술사)는 하나의 특별한 범주에 속하는 인간으로 물리적 우주나 사회적 세계의 어느 편에도 완전하게 소속되지 않는 존재"『슬픈 열대』 436쪽입니다. 말하자면 물리적 우주와 사회적 세계의 접점에 위치한다고 할 수 있지요.

여기서 다시 정리를 해보겠습니다. ⓐ우주 안에서 모든 것은 제자리를 갖습니다. 인간은 무수히 많은 자연종들 중 하나로 개구리와 곰과 두루미와 까치와 함께인 조건 안에서 자기 위치를 가져야 합니다. ⓑ다시 한 인간은 우주 안에서 차지하는 인간종, 그 인간종이 만든 사회 안에서 제자리를 가져야 합니다. 그럼 바리는 어디에 있는 존재일까요? 바리는 인간의 사회 안에는 자기 자리를 갖지 않으면서, 동시에 우주 안에서 인간의 위치를 관념적으로 포착해 내는 자리에 있다고 할 수 있습니다. 바리는 인간 자체를 상징하는 존재로서 개체적 인간을 초월해 있습니다. 열대의 인디언들은 바리라는 장치를 써서 사회와 자연을 연결했던 것이지요.

바리라는 이름은 누가 주는 것일까요? 바리는 우주 안의 관직이나 지위명이기 때문에 그를 임명하는 자는 '신'입니다. 추상적 우주론의 한 부분이기 때문에 남자만 바리가 될 수 있습니다. 야생의 부족들은 인간을 낳는 여성을 의미론적으로 자연이자 생의 영역에 위치시키고, 그런 자연의 장에 질서를 부여하는 역할을 남성을 기호화함으로써 만들어 냈습니다. 그래서 보통 제의의 집행자는 남자가 되는데요. 물론 늘 그렇지는 않습니다. 남자의 역할값에 들어갈 현실의 남자가 없으면, 생물학적인 여성을 의미론 차원에서 남성화시킴으로써 의례의 집행자가 되게도 합니다. 피에르 클라스트르의 연구에 따르면 보통 의례 집행을 하는 추장의 자리에, 아버지처럼 능력 있는 딸이 들어가는 경우도 있다고 해요.피에르 클라스트르, 『국가에 대항하는 사회』, 홍성흡 옮김, 이학사, 2005 참고

보로로족의 신은 누가 바리가 될 것인지를 제의를 통해 임명하게 되는데요, 그때 바리가 될 이는 '복잡한 집단' 즉 죽음 영역에서 활동하는 온갖 영혼들의 모임 전체와 계약을 맺게 됩니다. 아마 바리 임명식 때에는 신으로 가장한 누군가가 이 계약에 대한 이야기를 춤과 노래로 길게 풀어 주었을 겁니다. 대단히 흥미롭습니다. 새로 임명되는 바리는 보로로족의 누군가와 계약을 맺는 것이 아니라 보로로족 바깥의 어떤 영적 집단과 계약관계에 들어간다니요. 이 '복잡한 집단'의 일부는 하늘의 세계에 속하고(그래서 천문과 기상을 관장할 수 있습니다), 일부는 동물의 세계에 속하고 또 다른 일부는 지하에 속한다고 합니다. 이 '복잡한 집단'은 계속 수가 늘어난다고 하는데요. 바리들이 죽으면 그의 영혼이 이 부족에 가담하게 되기 때문입니다.『슬픈 열대』 436쪽 참고 아마 바리가 이 부족과 계약에 들어감으로써 그들 부족의 일원이 된 까닭이겠지요.

이 '복잡한 집단'의 존재들은 어떻게 생겼을까요? 그들은 태양계와 풍우(風雨), 질병과 죽음의 변화를 담당하는데요. 모습이 정해지진 않았지만 누구라도 보면 곧바로 공포에 빠진다고 합니다. 머리카락에 광택이 없고 머리에는 구멍이 뚫려 있어서 담배를 피우면 그 구멍에서 연기가 솟아 나오지요. 긴 손톱이 있는 경

우도 있고, 눈이며 코, 머리카락 사이로 비가 쏟아지기도 하고요. 어떤 때에는 엄청나게 부푼 배로 나타나기도 한다고 합니다. 웬만한 공포 영화에 나와도 손색이 없을 무시무시한 형상입니다.

이들은 어디서 왔을까요? 여기에 독특한 순환논법이 있습니다. 보로로족에 따르면 그 '복잡한 집단'을 채우는 것은 죽은 바리의 영혼들입니다. 그런데 바리는 애초에 이 '복잡한 집단'과 계약을 맺었기 때문에 그 집단의 일원으로 죽게 됩니다. 닭이냐 달걀이냐죠. 보로로족은 이 부족의 기원에는 일단 더 관심을 두지 않습니다. 그런데 이 '복잡한 집단'의 존재는 '바리'라고 하는 보로로족의 샤먼을 통해 일상적으로 제 힘을 행사합니다. 보로로족 사람들을 꼼짝 못하게 하는 그 지면 배열이 바로 이 복잡한 집단의 작품인 셈입니다. 이처럼 보로로족의 우주론에서는 하늘과 동물과 지하가 인간의 사회보다 훨씬 더 근원적으로 설정되어 있었습니다.

말씀드린 것처럼 '바리'는 비사회적 존재입니다. 그는 하나 혹은 여럿의 죽은 바리의 영혼과 특권적 관계를 맺고 있기 때문에 '인간'을 초월해 있습니다. 그는 혼자 사냥을 나가도 '복잡한 집단'의 혼들로부터 도움을 받을 수 있고 때로는 질병도 예언할 수 있습니다. 바리를 보호하는 영혼은 바리를 이용하여 그들의 변신을 수행합니다. 바리는 이 보호적 영혼의 "악마성"을 느끼면서도 그것들과 인간 사이를 연결합니다. 저는 이 악마적이라는 것이 꼭 파괴적이고 부정적인 영력 같은 것이라기보다는 통제되지 않는 우주의 거대한 에너지 같습니다.

보로로족은 영혼 중개자의 위치 하나를 더 두고 있었는데요. 바리가 주로 '사악한 영혼'과 인간 사회의 관계를 중개한다면 '아로에토와라아레'라고 하는 또다른 중개자는 단지 죽은 자와 산 자 사이의 관계만 연결합니다. 영혼에도 등급이 있어서 단순히 죽은 자의 영혼과 바리로 죽은 자의 영혼은 다른 위치, 다른 능력을 가졌던가 봅니다. 아로에토와라아레는 단순 중개자이기 때문에 인간으로부터나 죽은 자로부터 어떤 선물도 받을 수 없습니다. 아로에토와라아레는 엄청나게 자질구레한 법칙들을 많이 지켜야 하는데요. 먹어서는 안 되는 음식도 많고 옷이나 집에 장식 같은 것을 해서도 안 된다고 합니다. 그가 지나갈 때면 엄청난 악취가 난다고 하는데요. 산 자의 측에서나 망자의 측에서나 이 악취 때문에 그를 가까이하기 꺼리게 된다고 합니다. 영혼들과 어떤 특별한 계약도 갖지 않기 때문에 그는 단지 죽은 영혼들이 '사자(死者)의 세계' 어디에 들어가서 사는 것이 부족에게 좋은지를 파악한 다음, 영혼들에게 가야 할 길을 제시하는 역할을 합니다.

바리도 아로에토와라아레도 동물로 변신할 수 있습니다. 다만 아로에토와라아레는 물고기를 잡는 독수리나 맥과 같이 그 고기로 마을 사람들을 먹일 수 있는 짐승으로 변신하지, 산 자를 잡아 먹는 표범으로는 결코 변신하지 않는다고 합니다. 굳이 따지자면 바리는 무차별적인 즉 '사악한' 영혼 쪽에, 아로에토와라아레는 부족 편에 선다고도 할 수 있겠네요. 바리는 질병과 죽음을 예언합니다. 반면 아로에토와라아레는 직접 치료를 하지요. 바리는 자연 전체의 법칙이 끊임없이 마을 안에서 현시될 수 있도록 마을의 지면 배치 '바깥'을 계속 환기하는 겁니다. 그들은 그 바깥을 '악마적'이라고 하지요. 그런데 잘 생각해 보면 '복잡한 집단'의 사악함이라는 것도 부족 사람들의 관점에서 그럴 뿐입니다. 자연의 평면에서는 선할 것도 악할 것도 없겠지요. 모든 종에게는 각각에 독자적인, 사회적이고 도덕적인 코드가 있을 뿐입니다.

보로로족의 지면 배열은 바리와 아로에토와라아레와 같은 주술사들에 의해 만들어진 것입니다. 그러나 그들 개인의 의견이 반영된 것은 아니었고 전적으로 죽은 자들과 맺은 관계에 의해 도출된 도표였습니다. 보로로족 사람들은 자신들이 따르고 있는 이 질서, 일구고 있는 이 마을이 죽은 영혼들과 어떻게 관계 맺고 있느냐에 따라 결정된다고 본 것입니다.

바리와 아로에토와라아레만이 아니라 보로로족과 페낭족의 보통 구성원들 모두가 '자기'를 이해하는 방식은 분명해 보입니다. 그들에게는 자기가 자기를 들여다보는 의식 즉 '자의식'이 없습니다. 샤먼들은 죽은 자의 입김을 맡는 일도, 산 자도 죽은 자도 아닌 위치에서 살아가는 일도 두려워하지 않았습니다. 마을 사람들은 또 어떤가 하면 고유명에서 상명으로 이동하는 것에 부담을 느끼지 않았지요. 좀 더 연구해 보아야겠습니다만, 어떤 의미에서 보면 이들에게는 영육의 분리가 명확해 보입니다. 영혼 쪽이 신체 쪽보다 훨씬 더 큰 힘을 행사합니다. 우리는 여기에서 '영혼'을 인간적 '정신'으로 바꿔서는 안 될 것입니다. 왜냐하면 최상위 단계에 있는 영혼은 개체적 삶을 뛰어넘어 창발하는 에너지로서 인간에게도 개구리에게도 곰에게도 제 힘을 행사하기 때문입니다.

창발하는 장 안에서 의존하지 않으면 살아갈 수 없다! 이러한 세계관을 지닌 자는 어떻게 숲을 바라볼까요? 감사하고 또 감사할 수밖에 없을 것입니다.

제7부

고유명 없는 자들의 자유

1. 과대한 숲과 과소한 인구

레비-스트로스는 왜 '슬픈 열대'라는 제목을 붙였을까요? 카두베오족과 보로로족에 대한 어떤 기술에도 슬픈 장면은 없었습니다. 레비-스트로스는 침착하게 열대 사람들의 습속을 보고 기록하고 이해하기에 바빴지요. '슬프다'라고 하는 열대에 대한 감정이입은 어떻게 나오게 되는 것일까요?

저는 『슬픈 열대』 안에는 두 명의 레비-스트로스가 확실히 존재한다는 생각이 듭니다. 전체 9부 중에서 6부까지, 그러니까 보로로족을 방문하기까지의 레비-스트로스와 7부부터의 레비-스트로스는 완전히 다른 사람입니다. 처음 대서양을 건너던 레비-스트로스는 편협한 유럽인으로서의 자신이 부끄러워 어쩔 줄을 몰라하기도 하고요. 다가가고는 싶지만 친해지질 못해서, 만나는 인디언들 앞에서 안절부절못했습니다. 카두베오족 마을에서는 겨우 서너 살짜리 여자 아이에게 장신구를 살 수 있을 정도로 열대 사람들과 어정쩡한 관계밖에는 맺지 못했지요.

그런데 보로로족 방문 이후에 레비-스트로스는 확실히 자신에 차 있는 모습입니다. 볼까요? "석 달 동안 원주민들과 지냄

제7부_고유명 없는 자들의 자유

으로써 나는 그들의 욕구를 알고 있었으며, 그 욕구는 남아메리카 대륙의 한 끝으로부터 다른 끝에 이르기까지 놀랄 만큼 흡사하였다."『슬픈 열대』 458쪽 레비-스트로스는 자신이 열대 사람들에 대해서 아주 잘 알고 있다고 확신합니다. 보로로족의 지면 배열에 대한 이해로부터 인류에게는 기본적으로 작동하는 사고의 형태가 있음을 깨달았었죠. 이제 레비-스트로스는 인류학자로서 자신의 임무를 선명하게 발견한 것 같습니다. 레비-스트로스가 자신에게 부여한 과제는 무엇이었을까요? 인류의 사고 형식에 대한 연구입니다. 즉 '야생의 사고'입니다. 야생의 사고란 만물과 인간 사이의 근본적 비례 관계를 대칭적으로 맞추려는 공생모색의 윤리학입니다.

레비-스트로스는 유럽에서 매우 바쁘게 다음 탐사를 준비한 것 같습니다. 보로로족을 방문하고 파리로 돌아온 레비-스트로스는 이미 인류학자로 유명해져 있었습니다. 레비 브륄(Lévy-Bruhl, 1857~1939)이나 마르셀 모스(Marcel Mauss, 1872~1950) 등 저명한 선배 인류학자들이 레비-스트로스의 지난했던 탐구를 인정해 주었고요. 생토노레 가의 어떤 화랑에서는 그의 열대 수집품들이 전시되기도 했습니다. 귀환 후 파리에서 그는 강연과 집필로 무척 바쁜 시간을 보냈습니다. 덕분에 충분한 탐사 자금을 모을 수 있었습니다.

그런데 좀 이상하죠? 인류의 사고가 원초적으로 '야생의 사고'라면 굳이 열대로 다시 돌아갈 필요가 없지 않습니까? 레비-

스트로스는 왜 다시 열대로 돌아간 것일까요? 그는 간단히 이렇게 말합니다. **"어떤 특정한 사례를 연구함으로써 인간 본성에 관해 깊이 파들어 가기보다는 아메리카 대륙을 전체적으로 이해하고 싶었다."**『슬픈 열대』 460쪽; 강조는 인용자

보통 인류학자는 자신의 필드를 갖습니다. 그리고 그 필드의 구체적인 사례를 인류 문화의 한 예로서 다루면서 인류사에 대한 거시적 통찰을 시도하지요. 그래서 대부분 필드워크의 기간이 깁니다. 당연하지요. 언어도 문화도 다른 부족을 이해하려면 그 문화의 외부자인 인류학자에게는 아주 많은 시간이 필요하겠지요. 또 '인류'라고 하는 자연의 한 종에 대한 통찰을 해야 하니 보통 이상의 치밀한 연구가 되어야 합니다. 그래서 가와다 준조 같은 무문자 사회 연구자는 거의 20년 가까이를 서아프리카 모시족의 사례 연구에 바치기까지 했습니다.가와다 준조, 『무문자 사회의 역사』 임경택 옮김, 논형, 2004 참고. 가와다 준조는 레비-스트로스가 일본을 방문했을 때 그를 안내하기도 했습니다. 레비-스트로스, 『달의 이면』 류재화 옮김, 문학과지성사, 2014 참고 그런데 레비-스트로스는 열대를 향한 이 두번째 탐사 여행을 앞두고 더이상은 특정 부족의 습속을 파헤치는 연구는 하지 않기로 결심했던 것 같습니다.

레비-스트로스는 7부 24장에서 그 이유를 언급합니다. 인류란 아직도 호모사피엔스인 이상, 기본적으로 같은 해부학적 조건을 갖고 자연을 같은 눈으로 바라볼 테니까요. 레비-스트로스는 유럽에서부터 러시아를 거쳐 베링해를 건너 아메리카 저 아

래쪽으로 내려간 인류가 남긴 여러 문화적 도식에서 그러한 동일성의 흔적을 발견합니다. 24장에서 레비-스트로스는 다양한 도상들을 소개하는데요, 제가 보아도 확실히 인류가 표현하고자 한 여러 도상들에는 유사한 패턴이 보입니다.

인류는 유럽 최북단에서부터 남아메리카 최남단에 이르기까지 동일한 발자국을 찍어 왔습니다. 그렇다면 레비-스트로스가 열대로 다시 돌아간 것은 '남아메리카'를 연구하기 위해서가 아니라, 원시의 발걸음대로 여전히 걷고 있는 인류의 현재가 궁금해서라고 할 수 있습니다. 아메리카 대륙을 전체적으로 이해하고 싶었다는 앞서의 말은 인류의 야생적 모습을 거대한 넓이와 심오한 깊이에서 보고 싶다는 말이었던 것이죠.

왜 꼭 열대여야 할까요? 인류 정신의 원풍경은 동일하다면 유럽에서 조사를 해도 될 텐데 말이지요. 여기서 레비-스트로스가 생각했던 몇 가지 이유를 정리해 볼 수 있겠습니다. 먼저 **숲이라는 조건**이 중요했습니다. 열대 우림의 특징이라면 엄청난 생물종의 다양성과 종적 관계성의 무한한 창발성을 들 수 있습니다. 레비-스트로스의 관찰에 따르면 열대의 부족들은 생과 사의 문제를 전면적으로 돌파하려고 했고(보로로족의 경우, 6부 23장 '죽은 자와 산 자'), 사람들의 역할 배분에 있어서 자연과의 관계를 필수적으로 고려했습니다. 그들은 삶에서 즉 자연 안에서 우리가 경험하는 문제들이 얼마나 복잡하고 모순적인가를 거침없이 직시하면서 문화 제작 논리를 발명해 갔지요.

두번째는 **열대에서는 인구가 조절된다는 점**이었습니다. 인구가 일정 규모 이상이 되면 인간과 그 외부 간의, 인간과 인간 사이의 '공동성' 창출이 문제가 됩니다. 간접적이고 추상적인 방식으로 인간들 사이의 관계가 만들어집니다. 사실 레비-스트로스는 이 차원에서 발생하는 문제를 매우 심각한 것으로 보았습니다. 인간과 인간, 인간과 자연 사이의 관계가 추상적이 될수록 인간의 실제 삶에 위협이 된다는 것이죠. 레비-스트로스가 예로 든 것은 전염병의 차원입니다. 한정된 공간에서 동일한 삶의 형식을 강요받으며 개체수를 증식시키는 문화에서는 전염균이 한 개체에서 다른 개체로 이동하는 속도가 대단히 빨라질 수밖에 없기 때문입니다. 코로나 바이러스 시대를 사는 우리에게 정말 와닿는 이야기가 아닐 수 없습니다. 일상이 추상적으로 제도화되면 될수록 '야생의 사고'를 발휘할 여지가 줄어들게 됩니다.레비-스트로스, 『레비-스트로스의 인류학 강의』 18쪽 참고

인구 규모가 증가하면 '발신자'와 '수신자' 사이의 실질적인 관계가 사라지고 '코드'와 '중개'가 전면적으로 제시되게 됩니다.앞의 책, 44쪽 이렇게 되면 사람은 자기 힘으로 관계 속에서 사고하고 자율적으로 자기 삶을 조직할 수 없게 되지요. 삶의 모든 형식이 관료적 통제 속에서 만들어지게 됩니다. 그래서 레비-스트로스는 인구수를 통제하고 있는 사회 즉 창발하는 열대의 생기를 온몸으로 호흡하는 세계로 들어갈 필요가 있었습니다.

이른바 '원시 사회'는 호모사피엔스의 원-삶 풍경을 보여 줄

니다. 그래서 인류사를 이해할 수 있는 이론적 모델을 구성하는 데 도움을 주지요. 레비-스트로스가 원시 부족을 찬미하려던 것은 아니었습니다. 다만 그는, 우리가 인종적으로 새로워진 것은 아니므로 인류의 원풍경을 통해 우리가 충분히 이해하고 있지 못한 인간 삶에 대해 통찰해 볼 기회를 얻고자 했습니다. 레비-스트로스는 그 이론적 모델을 통해 "어느 하나의 특정한 사회로부터 추출한 요소에 집착하지 않고, 여러 요소들을 이용함으로써 우리들 자신의 관습들을 개량하는 데 응용될 수 있는 사회생활의 원리들을 구별해"『슬픈 열대』 705쪽 낼 수 있다고 생각했습니다.*

---

* "이른바 '원시' 사회는 우리가 어떤 단계의 과거를 거쳐왔는지 조명해 줄 뿐만 아니라, 인간 조건의 공통분모라 할 일반적이고 보편적인 상황을 보여 주기 때문에 더욱 의미가 있습니다. 이런 관점에서 보면, 서양과 동양의 고도 문명이 오히려 예외성을 띤다고 할 수 있습니다.
사실상 인류학의 발전으로 더 많은 조사가 이뤄지면서, 소위 '반품'처럼 취급되고 주변부 지역으로 밀려나면서 소멸될 운명이라 여겨졌던 뒤처지고 소외된 사회들이 도리어 본연적 삶의 형태를 유지하고 있음을 알게 되었습니다. 외부로부터 위협을 받지 않는 한, 완벽한 지속성을 유지할 수 있는 사회가 바로 그런 원시사회인 것입니다. [중략] 덧붙이자면 가령 우리가 미신이라고 잘못 생각하는 종교와 의례를 지닌 사람들이 살고 있는 복잡한 생태의 자연환경에서는 천연자원이 더욱 잘 보존되고 식물과 동물 종이 매우 다양합니다. 열대 적도 지방에서는 단위면적당 인구수가 적으므로 전염성 세균이나 기생충 역시 적습니다. 전염이 될 수 있으나 임상적 수준으로 보아서는 매우 미약합니다."(『레비-스트로스의 인류학 강의』, 29~31쪽)

2. 지배와 복종이 없는 우정

두번째 탐사 여행에서 만나게 된 남비콰라족은 레비-스트로스가 기대했던 대로 인류적 삶의 원풍경을 고스란히 보여 주었습니다. 그런데 이 남비콰라족과의 만남은 레비-스트로스의 인격을 바꾸어 주었다는 데에 더 큰 의미가 있습니다. 레비-스트로스는 첫번째 귀환 후, 자신이 열대인이기도 하다는 점을 자랑스럽게 과시했습니다.

두번째 남미로의 여행을 계획했을 때입니다. 파리의 어느 구역에서 체코슬로바키아인 수입상들에 둘러싸인 채 만난 적도 없는 남비콰라족 사람들의 흥미를 끌 물건들을 고르는 레비-스트로스는 완전히 열대인이었어요. 레비-스트로스는 자신이 체코슬로바키아인들의 장사 관습을 잘 모른다는 점을 전혀 개의치 않았습니다. 열대 인디언들처럼 사고하기로 결심하고 거침없이 필요한 물건을 골랐습니다. 묵직한 실타래에 연결되어 선반마다 쌓여 있는 '조약돌'이라 불리는 장식용 진주를 고를 때였죠. 레비-스트로스는 강도를 시험해 보기 위해 이빨로 깨물어 보았고 진주들이 채색된 것인지를 확인하기 위해 핥기도 했습니다.

인디언들의 기호를 감안하여 흰색과 검은색을 같은 양으로 산 다음, 붉은색과 노란색도 많이 구입했습니다. 그런 다음 구색을 갖추기 위해 인디언들이 별로 좋아하지 않는 파란색과 초록색도 조금 샀고요. 레비-스트로스는 바늘도 샀는데요. 그것은 튼튼한 실을 받아들일 만큼 굵어야 했지만 꿰어야 할 진주가 작았기 때문에 너무 굵어서는 안 되었습니다. 어떠세요? 거의 열대의 방물장수 아닙니까?

이 물건들에는 두 개의 용도가 있었습니다. 첫째, 이것들은 인디언들과 관계를 맺는 징표로, 즉 선물의 용도로 쓰일 수 있어야 합니다. 둘째, 화폐적 가치로서 넓고 깊은 열대 여행의 도중에 필요한 물건을 사고팔 수 있도록 해주어야 합니다. 레비-스트로스는 완전히 선수가 되어 있었습니다. 그리고 자랑스럽게 그 변화를 썼지요. 나는야 열대인이다! 보로로족의 기술 문화를 떠올린다면 어떤 세공에도 소홀히 할 수가 없었습니다. 마침내 레비-스트로스는 원주민들의 신용을 잃지 않기 위해서 영국 왕실의 마구(馬具) 직공도 마다하지 않을 물건들로 짐을 꾸리게 되었습니다.

이렇게 빵빵한 준비를 하고 나설 정도였으니 열대에서는 또 얼마나 위풍당당하셨겠습니까? 인디언들과도 훨씬 더 격의 없이 지내게 되지요. 여기서도 알 수 있지만, 관계에 정해진 법칙 같은 것은 없습니다. 처음에 그를 경계했던 부족이 있었고, 이번에는 친절한 다른 부족을 만날 수 있었다가 아닙니다. 레비-스트로스가 달라지니 인디언들도 그를 다르게 보게 된 것이지요. 우기의 열대에서 자동차 부품이 고장이 나서 며칠씩이나 숲에 발이 묶이게 되었을 때입니다. 레비-스트로스는 느긋이 그들의 몽상적인 이야기를 들으며 거기에 빠져들기도 했습니다. 또 탐사의 조력자로 나서 준 인디언 한 사람 한 사람을 자세히 관찰하기도 했습니다. 자신과 함께 더 깊은 열대로 들어가는 그들에게서 전통을 지키면서도 언제나 품위를 지키는 모습을 보며 부러워하기도 하고요.

그들은 가난했지만 어머니나 누이 혹은 애인으로부터 받은 수건을 소중히 들고 다녔습니다. 커피에 설탕을 넣으라고 주면 자신들은 타락하지 않았다며 거만하게 거절했고요. 레비-스트로스가 여행 식량을 잘 채워 놓지 않거나 하면 금방 예민해졌고, 말린 고기까지는 참아 주었지만 설탕, 건과, 통조림에는 분개했습니다. 이들은 레비-스트로스를 위해서 죽을 수도 있었지만 레비-스트로스가 빨래를 해 달라고 하면 손수건 한 장도 빨아 주지 않았어요. 대가를 받고 하는 일에 대해서는 책임을 다하는 성실함을 보였지만 그 자신의 품위를 건드리는 일, 예를 들면 그가 속한 부족의 관습을 무시한다거나 하면 언제라도 레비-스트로스를 공격할 준비가 되어 있었습니다. 레비-스트로스는 이 탐험대의 대장 즉, 어느 날 꾸려진 소부족의 추장이나 다름없어서 말도 제일 좋은 말, 음식도 제일 좋은 것을 받을 수는 있었지만, 이 조력자들의 자존심만은 건드릴 수 없었습니다. 7부를 읽다 보면 열대를 관찰하는 방관자, 관조자 레비-스트로스는 더이상 없다는 것을 알 수 있습니다. 레비-스트로스가 그리는 인디언들은 모두 그에게 정중했습니다. 그런데 이 점은 오히려 레비-스트로스가 얼마나 겸손했는지를 말해 줍니다. 레비-스트로스는 숲의 한 사람으로서 친절하고 배려 깊은 사람이 된 것입니다.

열대를 전체적으로 조망한다고는 했지만 실제로 레비-스트로스가 이 여행에서 가장 깊이 느낀 감동은 말 그대로 인디언들과 함께 생활한 경험에서부터 나옵니다. 보로로족의 마을에 머물 때 그는 샤먼의 집에서밖에 지낼 수 없었습니다. 그런데 남비콰라족과 함께 지내게 되면서는 마을의 보다 깊은 곳으로 들어갈 기회도 얻게 됩니다. 남비콰라족 사람들에게서 그들의 언어를 배우려고도 하지요. 이때 레비-스트로스는 마을의 여자들이 자신을 놀리면서 즐거워하는 모습을 아주 유쾌하게 그립니다. 마치 숨을 들이마시거나 속삭이며 말하는 그들의 말을 좀 더 자세히 알려 달라는 레비-스트로스의 요청에, 그녀들은 온갖 기교로 과장해서 레비-스트로스를 혼란에 빠트렸습니다. 하다 하다 레비-스트로스가 두 손 두 발 다 들자, 그때서야 그녀들은 웃음을 터뜨리며 승리에 찬 얼굴로 그에게 농담을 걸었지요.

레비-스트로스가 남비콰라어를 배우기 위해 따로 교사를 둔 것으로는 보이지 않으니, 그가 말을 배운 상대로는 남자들이 더 많았을 텐데요. 레비-스트로스는 왜 이런 장면을 여행기로 남긴 것일까요? 『슬픈 열대』를 시작하면서 레비-스트로스가 한탄

했듯이 그동안 백인 인류학자들과 관광객들은 열대를 단지 관찰의 대상으로 생각했습니다. 겨우 유럽이라는 안경을 썼을 뿐인데도 말이지요. 그런데 레비-스트로스는 남비콰라족 앞에서 그들 말을 배우는 학습자요, 그들의 호의와 애정을 받는 나그네가 되어 있습니다. 심지어 위의 언어 놀이 장면은 남성 권력자로서의 유럽-백인과 여성 피지배자로서의 열대-원주민이라고 하는 심상적 젠더 배치를 비틀고도 있습니다. 백인 남성이 원주민 여성들의 놀림감이 되고 있으니까요. 그렇지만 이 둘 사이에 적대와 대립, 폭력적 착취가 예고된 성적 긴장은 느껴지지 않습니다. 백인 남자와 원주민 여자들은 서로 잘 못 알아듣는 채로, 그러나 편안한 신뢰감 속에서 한낮을 보냅니다. 열대라는 거친 생존 조건을 앞에 두고 부족의 여인들과 나그네는 자신이 해야 하는 일을 하지만 서로에게 너그럽지요.

우리는 여기서 남비콰라족이 어떤 부족인지를 다시 한 번 환기할 필요가 있습니다. 레비-스트로스가 자신과 다름없는 인간들로 바라보는 이 부족은 열대에서 가장 빈한한 부족이었습니다. 보로로족의 화려한 물질문화에 비교하자면 남비콰라족은 정말 거의 가진 것이 없었습니다. 『슬픈 열대』 한국어 번역본 앞부분에는 남비콰라족을 찍은 사진이 몇 장 있는데요. 이들은 옷도 집도 가재도구도 없이 초원을 전전하며 숙영지를 옮기면서 살아가는 사람들이었습니다. 나날의 어려움, 가끔씩 찾아오는 몽상적 서글픔. 이제 레비-스트로스는 의기양양한 열대의 방물장수로서가 아니라 별 이불을 덮고 자는 초원의 열대 사람으로서 자신을 느낍니다. 여기서는 고매한 유럽인이 열대의 원주민을 대하는 듯한, 어떤 시혜적 동정심도 느껴지지 않습니다. 레비-스트로스는 남비콰라족과 함께 지내면서 참으로 인간적인 너무나 인간적인 것이 무엇인지를 깊이 생각해 보았습니다. '인간이 인간에게 보내는 무한한 친절, 깊은 무관심, 소박하면서도 매력적인 동물적 만족감. 아, 또 뭐가 있을까? 과연 인간적인 애정의 가장 진실된 표현은 무엇일까?' 하고 말이지요.

3. 위계와 배신을 거부하는 무문자 사회

열대의 가장 깊은 곳, 남비콰라족 방문은 인류학자로서 본격적인 발걸음을 내딛은 레비-스트로스에게 두 가지 점에서 큰 의미를 가집니다. 첫째, 앞서 말씀드린 것처럼 레비-스트로스는 '열대인'으로서 자신을 자각합니다. 아마존 원주민들처럼 숲이라고 하는 광대무변한 자연의 힘과 맨몸(남비콰라족의 맨몸)으로 만나야 하는 인류의 숙명을 유럽인인 그 자신도 부여받고 있다는 것을 깨달았던 것이지요. 둘째는 인류학자로서의 이 다음 작업의 방향을 이들의 마을에서 결정하게 된다는 점입니다. 그것은 신화학 연구입니다.

레비-스트로스는 남비콰라족 마을에 체류하면서 인류의 야생적 사고 방식을 탐구할 결심을 하게 됩니다. 이때의 '야생'이란 문명화의 전 단계라기보다는 문명을 창발시키는 원초적 힘의 단계를 의미합니다. 야생의 사고는 **'길들여지지 않은 사고'**로서 소위 '세련된 사고'와 충돌을 일으키지 않습니다. 야생종이 재배종과 함께 길러질 수 있는 것처럼 말이지요. 레비-스트로스에 따르면 남비콰라족의 추장도 유럽의 인류학자도 야생의 사고라고 할 만

제7부_고유명 없는 자들의 자유

한 기본적인 정신 작용을 발휘하면서 각자의 숲(남비콰라족이라면 열대 우림, 레비-스트로스 같은 인류학자라면 유럽의 대도시)을 겪어 나간다고 할 수 있습니다.

레비-스트로스 평생의 연구는 신화학에 집중되어 있습니다. 여기서 조금 주의할 점이 있습니다. 레비-스트로스가 언급하고 있는 신화란 사실 아직까지 여러 민족의 전설이나 민담, 동화 등의 형태로 남아 있는 옛이야기 같은 것입니다. 그런데 그런 옛이야기에는 정본이 있을 수 없지요. 구술문화의 영향 속에서 출현한 신화는 늘 그때그때 이야기가 필요한 자연 조건, 사회 조건의 영향을 받아서 변형에 변형을 거듭하기 마련입니다. 인간 정신 유형의 근원적 모델을 찾는다고 하지만 레비-스트로스가 연구 대상으로 삼은 신화에는 그 어떤 근원적 형태도 있을 수 없는 것이지요.

무엇보다 레비-스트로스는 이들 신화가 무문자 사회의 이야기라는 점에 주목합니다. 흥미롭지요. 인간이 만물 중의 영장인 까닭은 그 정신이 언어를 사용하기 때문이며, 인간 중에서도 보다 진화한 민족의 특징은 종종 그 문자 생활의 범위로 평가되곤 했으니까요. 사르트르 등이 원시 사회를 문명 이전 단계로 바라본 까닭도 열대 등의 원시 부족 사람들이 문자를 쓰고 있지 않아서였습니다. 하지만 레비-스트로스는 고매한 유럽인이 자화자찬하는 그 문자의 한계를 주목했습니다. 그리고 자신의 신화 연구가 문자 사회를 정점에 둔 인류 정신 발달관과는 전혀 다른 관점에 위치한다는 점을 주지시키기 위해 『슬픈 열대』의 28장에서 문자의 위험을 지적합니다.

남비콰라족에서 레비-스트로스는 문자의 기원과도 같은 풍경 하나를 보게 되는데요. 한 남비콰라 부족과 교역을 하게 되었을 때입니다. 그 부족민들은 백인을 처음 보았고 문자는 쓰고 있지 않았습니다. 레비-스트로스는 교역을 위해서 혹은 그들과의 의사소통을 위해 연필과 종이를 먼저 건네 보았습니다. 연필과 종이를 처음 본 이 부족 사람들의 반응은 어떠했을까요? 그들은 처음에는 필기구를 거의 건드리지 않았으나 이내 종이에다 물결치는 듯한 가로선을 그리느라 바빴습니다.

그것이 의미하는 바는 분명했지요. 그들은 레비-스트로스의 문자를 즉각 흉내 내고 있었습니다. 그들은 상대가 쓰는 기호를 즉각 받아들여 교역을 위한 자기 식의 도구로 바꾸어 버렸습니다. 레비-스트로스는 깜짝 놀랐습니다. 문자에서 중요한 것은 그 내용이 아니었던 것이죠. 처음으로 문자를 마주한 인간은 그저 다른 인간끼리 나눌 만한 '기호'가 있으면 된다고 생각했던 것입니다.

여기서 레비-스트로스는 더 놀라운 사실 하나를 발견합니다. 대부분은 그저 물결선을 그리는 데 만족했습니다만 추장은 달랐습니다. 그는 문자의 기능을 보다 확실히 깨닫고 있었습니다. 그는 본격적으로 교역이 되자 레비-스트로스와 똑같은 메모지를 자기도 갖추기를 원했고, 레비-스트로스가 그에게 묻는 정보 사항을 말로 대답하기보다 먼저 구불구불한 선을 그리고 레비-스트로스에게 다시 읽어 보라는 시늉을 했습니다. 그다음 그는 레비-스트로스의 반응을 살핀 뒤 다시 자기 부족에게 자신이 한 일을 설명하는 듯했습니다. 그것은 한 편의 연극이었죠. 레비-스트로스는 문자극의 배우가 되어 있었습니다. 추장은 자신의 손끝에서 물결선이 다 그어질 때마다 신중하고도 걱정스럽게 그것을 살펴보면서 어떤 의미가 그로부터 솟아나오는 듯한 시늉을 했습니다. 한편으로는 그럴 때마다 환멸을 표현하기도 했습니다.

이 연극은 레비-스트로스에게 불쾌감을 주었습니다. 의미 없는 연극이 계속 이어졌을 뿐만 아니라 실제로 교역에 직접적인 영향도 주지 못했기 때문입니다. 레비-스트로스는 추장의 행위가 실은 자신을 향한 것이 아니라는 점을 눈치챌 수 있었습니다. 추장은 백인이 쓰는 문자를 자신도 쓸 수 있는 것처럼, 다시 말해 다른 부족민들은 이해할 수 없는 어떤 의미를 자신은 간파했음을 과시했던 것입니다.

우리는 레비-스트로스가 전하는 이 에피소드에서 우선 문자의 기원에 대해 생각해 볼 계기를 얻게 됩니다. 문자는 부족민들 사이에서 출현하지 않습니다. 문자는 합의와 조정을 거쳐 만들어지는 것이 아닙니다. 문자는 외부 기원을 갖습니다. 이 외부란 단지 문화의 지리적 바깥을 뜻하지 않습니다. 그 부족에서는 처음 본 백인, 그 백인이 가져온 생전 처음 보는 여러 가지 물건들, 즉 이 '외부'란 남비콰라족 전체의 상식을 초월한 자리를 의미합니다. 문자는 바로 그런 곳으로부터 옵니다.

문제는 그다음입니다. 이 추장은 문자 쓰기를 연출함으로써 백인과의 교역에서 주인공이 되기도 하지만 부족민들 사이에서도 전에 없던 권위를 얻기 시작했습니다. 추장은 외교적 목적에서가 아니라 누군가를 자기보다 낮은 지위로 내려 앉히기 위해서 문자를 이용했습니다. 문자는 한 개인의 권위와 특권을 보장하려는 목적으로 사용되었습니다.

그 때문이었을까요? 교역이 있은 뒤 오래지 않아 추장의 신용은 급격히 떨어지고 말았습니다. 부족민들은 자기들 사이에서는 굳이 필요 없던 외계적 기술 도입이 초월적 권위를 만든다는 것을 간파하고 추장에게 배신감을 느꼈습니다. 레비-스트로스는 커뮤니케이션의 수단인 문자의 원초적 기능이란 '인간관계의 예속화'라는 것을 이해할 수 있었습니다.

제7부_고유명 없는 자들의 자유

4. 무한한 말들로 경험되는 고유한 우리

오늘날에도 문자를 쓰지 않는 부족들이 있습니다. 완전히 문자 생활을 하지 않는다기보다는 문자 생활에도 다양한 편차가 발견된다고 할 수 있습니다. 촌락에 서기를 둔다든가 하면서 다른 촌락과의 교역, 부족 안의 송사 등을 해결하는 도구로 쓰는 경우도 있지요. 인간이라면 반드시 문자 생활을 해야 한다는 생각은 그렇게 자명한 사실이 아닙니다. 이반 일리치도 설명하고 있지만 문해력이라고 하는 기술이 하나의 필수 능력으로 취급되게 된 것은 근대에 들어와서의 일입니다. 이반 일리치·배리 샌더스, 『ABC, 민중의 마음이 문자가 되다』 권루시안 옮김, 문학동네, 2016 참고

문자가 쓰였다면 무엇 때문이었을까요? 레비-스트로스는 열대 숲 한가운데에서 여기에 대해 자문자답해 보았습니다. ⓐ**문자는 분명 인간 생활에 큰 변화를 가져옵니다.** 인위적인 기억 형태 덕분에 인간은 현재와 미래를 조직하는 보다 큰 능력을 갖게 된다고 할 수 있습니다. 하지만 인류 최고(最古)이자 최고(最高)인 신석기 혁명은 문자 없이 이루어졌습니다. 그럼 문자는 어떤 위대한 계획과 관련되어 있을까요? 관련되어 있다면 대건축입니다.

큰 건물의 설계도를 그리고, 그 세부 축조에 대한 설명을 관련된 일꾼들에게 일괄 알려 주기 위해서죠. 하지만 과연 이집트인이나 수메르인의 건축이 아메리카 원주민의 건축보다 낫다고 할 수 있을까요?

ⓑ문자의 기원에 제국과 도시의 형성이 있다는 것은 부인할 수 없습니다. 그런데 제국과 도시란 무엇일까요? 사람과 사람 사이를 매개하는 촘촘하고 거대한 시스템입니다. 문자에는 만물의 관계성을 추상화시키고 사람들 사이의 직접적 연결고리를 끊어 버리는 관료적 조직화로의 힘이 있습니다.

『슬픈 열대』 바깥으로 가 보겠습니다. 최초의 문자 기록이라고 알려져 있는 것은 「함무라비 법전」입니다. 「함무라비 법전」은 레비-스트로스가 지적하고 있는 문자의 외부 기원설을 잘 보여 줍니다. 이 석판에는 특이한 점이 있지요. 표의문자가 새겨진 돌의 윗부분에 신과 인간의 대화 장면이 부조로 표현되어 있습니다.

누가 신일까요? 네. 앉아 있는 자가 신입니다. 그의 권위는 앉은 자세의 위엄으로 말해집니다. 그런데 두번째 그림과 비교해 보면 알 수 있지만 첫번째 그림에서는 신과 인간 사이에 어떤 위계도 없습니다. 인간은 신의 말을 같은 높이에서 듣고 있습니다. 이집트 신화 속 신과 인간은 다르지요. 신은 비록 앉아 있지만 그의 말을 듣고 있는 인간이 훨씬 더 크고 화려하고 장엄해 보입니다. 함무라비 시대 사람들의 문자관은 어떤 것이었을까요?

인간과 신 사이에는 근본적인 차이는 없습니다. 이 시기에 '신'이란 유일신은 아니었을 것이고요. 여기에서 인간은 신의 양태의 한 표현이 됩니다. 인간은 자신의 생각으로, 자신의 입으로 말하지 않습니다. 인간에게는 신이라고 할 만한 자연 법칙, 우주 원리가 인간에 의해 직접 들립니다. 인간은 그 말씀 그대로 살면 됩니다.

(위) 함무라비 비석
(아래) 이집트 신화

언어에 대한 이런 관점은, 말하는 주체와 듣는 객체를 각각 설정하고 언어를 메시지 전달을 위한 하나의 투명한 관처럼 보는 '의사소통모델'을 갖고서는 이해할 수 없습니다. 여기에 대해 이반 일리치가 한 구술성 연구로부터 도움을 조금 받아 보도록 하겠습니다. 이반 일리치는 글을 읽고 쓰는 문자 능력 즉 문해력(literacy)의 반대말로 구술성을 이해해서는 안 된다고 합니다. 바꾸어 말하면 문자 능력의 결핍이 구술 능력은 아니라는 것이죠.

구술문화의 대표적인 예로 이반 일리치가 거론하는 것으로 '므네모시네'라는 고대 그리스의 신화가 있습니다. 므네모시네의 아들 헤르메스가 무사의 노래에 맞춰 연주하면 그 소리를 듣고 시인들과 신들이 므네모시네의 기억의 샘으로 찾아오게 된다고 합니다. 그 맑은 물에는 삶의 잔해들이 떠 있는데요, 레테의 강이 세상을 떠난 자들의 발에서 씻어 낸 것들입니다. 죽은 자는 이런 식으로 기억이 씻겨 나간 상태에서 그냥 그림자로 변합니다. 시인은 신들의 축복을 받으며 현재에 있고 과거에 있었으며 미래에 있게 될 것들에 대해 므사들이 부르는 노래를 듣고, 므네모시네의 가호 아래 그 물을 마심으로써 말의 찌꺼기들을 길어 돌아온다지요.이반 일리치·배리 샌더스, 『ABC, 민중의 마음이 문자가 되다』 36~37쪽 즉 구술문화 시대에서 사람들이 이해하고 나누어야 할 것은 죽은 자들이 남긴 기억이며 그것은 현재와 과거, 미래에 있을 모든 사건들이었습니다. 이것은 신과 인간이 함께 축복하며 나누는 지혜였습니다. 구술문화의 세계 안에서는 '자기'의 말 같은 것이 따로 없는 것입니다. 말해야 할 것, 들어야 할 것 역시 '누군가의 것'은 아니었습니다.

그렇다면 법전은 왜 만들어진 것일까요? 잘 아시다시피 함무라비 법전은 '눈에는 눈, 이에는 이'로 유명합니다. 법전의 내용은 즉 신의 말씀을 듣고 살아야 하는 인간들 사이에 일어나는 채무 관계를 다루고 있습니다. 인간들 사이의 모든 일은 신이라고 하는 존재를 거쳐야 합니다. 그런 의미에서 문자는 인간과 인간을 매개해 주는 신의 목소리의 표현입니다. 그렇지만 더 들어가면 이때 신이 '매개'했다고는 보기 어렵습니다. 애초에 인간 자체가 신의 양태의 표현이니까요. 인간들 사이의 채무 관계를 만드는 것도 신이요, 그 끝을 결정하는 것도 신입니다. 즉 신은 인간사의 원인이자 결과입니다. 그렇기 때문에 온 관계를 지탱해 주고 표현해 주는 문자란 인간과 인간 사이의 커뮤니케이션 도

제7부_고유명 없는 자들의 자유

구라고 볼 수가 없지요. 사람들은 보다 공정하고 공략하는 삶의 원인으로서의 신을 염두에 두면서 문자를 통해 그 전체 관계의 중요성을 확실히 하려고 했습니다.

레비-스트로스에 따르면 열대의 인디언들은 문자의 이러한 신성함이 갖는 초월성을 경계했습니다. 문자란 인간을 넘어서 있는 것이기에 그것을 다루는 자는 즉각 권력을 쥐게 됩니다. 인디언들은 그 권력이 사람을 위계에 따라 줄 세울 수 있다는 것을 즉각 간파했던 것이죠. 무문자 사회란 문자가 없는 사회가 아니라, 문자의 권력성과 삶에 대한 도외시를 경계하기 위해 문자를 거절한 사회라고 해야 할 것입니다.

서아프리카 모시족의 북소리 언어를 연구한 인류학자 가와다 준조(川田順造)는 무문자 사회의 구술성을 적극 평가하면서 그들이 문자를 거절한 이유를 하나하나 밝혀냅니다. 첫째, 가와다 준조가 보기에 문자는 의사소통 매체일 수가 없습니다. 인간관계를 중개하는 데 별로 도움이 되지 않는다는 것이죠. 인간관계의 규모가 너무 크지 않다면 굳이 말로, 글로 상황을 전달해야 할 필요를 느낄 리가 없습니다. 현대의 일상생활로 보아도 말이 의사소통의 역할을 충분히 하고 있느냐는 재고의 여지가 있습니다. 말은 잉여와 오해를 남기기도 하니까요.

가와다 준조가 꼽은 두번째 이유는 문자로 옮길 만한 객관적 정보라는 것도 인구 규모가 적당하고 또 삶의 창발성이 생생하게 살아 있는 숲에서는 있을 수 없다는 점입니다. 특히 모시족의 경우, 하위 부족들은 성별에 따라 계층에 따라 또 역할에 따라 각자에게 필요한 '사실'이 다 달랐습니다. 이는 우리도 짐작할 수 있지요. 레비-스트로스가 살폈던 보로로족의 지면 배열은 부족 구성원 개개인에게 고유한 자리를 할당하는 사회계약론이었습니다. 여기에서는 그 어떤 자리에서도 위치값에 따른 중복이 일어나지 않았습니다. 그러니 각자의 고유한 삶에 필요한 기억이라든가 사실이 다 다를 수밖에요. 모두가 알아야만 하는 사실, 모두가 공유해야 하는 기억, 그런 공통성 같은 것이 있다고 가정되어야지만 모두가 쓸 수 있는 공통의 의사소통 도구로서 문자는 출현합니다.

가와다 준조는 무문자 사회를 살아가는 사람들이 어떻게 언어생활을 하는지, 자신의 말을 통해 어떻게 자기의 고유한 삶을 초원에서 또는 사람들 사이에서 엮어 가는지 다음과 같이 말합니다.

앞에서 자기어라는 것을 언급했는데 순수하게 '나' 한 사람만으로 언어가 성립되지 않는다는 것은 분명하다. 다른 '나'와의 전달이 말인 이상, 다른 '나'들과 공통되는 것이 기본이 되어야 한다. 그것은 어려서부터 다른 사람의 말을 흉내 내어, 신체 기법으로서 '나'가 다른 '나'들과 만드는 사회에 참가하기 위한 '아비투스'의 일종으로서 몸에 익히는 것이다. 그렇게 하는 한, 말은 누군가가 이미 발음한 것을 반복하는 데 지나지 않는다는 측면도 가지고 있다. 하

제7부_고유명 없는 자들의 자유

지만 그런 반복 속에서 그 발음법이나 그 소리와 의미의 결합 방식에 무한하게 다양한 즉흥을 낳고, '나'의 표현을 한 사람 한 사람의 '나'가 산출하여 간다. 가와다 준조, 『소리와 의미의 에크리튀르』 이은미 옮김, 논형, 2006, 89쪽

　무문자 사회에서의 언어란 말을 하는 다른 이들, 즉 신과 죽은 자들과 바람 등과 끊임없이 정서와 의견을 주고받는 과정 전체였습니다. 인간의 목소리만도 아니었고, 인간의 손으로 그린 문자는 더더구나 아니었습니다. 야생에서 이루어지는 말의 '끊임없는 반복과 즉흥의 되풀이'가 의미하는 바는 무엇일까요? 누구의 말도 최후의 말로 섬기지 않겠다는 뜻입니다. '우리'란 말의 얽힘으로서만 경험되는 무한한 전체입니다. 가와다 준조는 별보다도 더 많을지 모르는 수많은 말들을 떠올리며 살아가는 공동체를 무문자 사회라고 했습니다. 그가 주목하는 무문자 사회의 특이성을 레비-스트로스가 비판하는 문자 사회의 특이성과 함께 읽어 보면 좋을 것 같습니다.

제8부

공생공락의 숲

1. 원시의 사회계약론

'남비콰라족'은 레비-스트로스에게 인류학 연구의 방향을 결정하게 해주었습니다. 그들은 겉으로 보면 식민화에 따른 수탈과 부족 간 경쟁으로 쇠락의 끝점에 내동댕이쳐진 것처럼 보이기도 했지요. 29장에서 레비-스트로스는 남비콰라족의 한 족장이 '아몬'이라고 불리는 천둥 폭풍에 끌려갔던 일을 설명합니다. 여기에서 보면 아몬에게 족장이 빼앗긴 것들을 알 수 있는데요. '목걸이, 팔찌, 귀고리, 그리고 허리띠'. 아이구 참, 이것이 족장이 가진 전부이니 다른 부족민들은 어떻겠습니까? 그들은 옷가지 하나도 갖고 있지 않았습니다. 잠은 흙바닥에서 잤고요. 레비-스트로스가 비교적 오래 머물렀던 남비콰라족의 한 무리는 18명으로 이루어져 있었습니다. 초라하기 이를 데 없는 규모의 사람들이 가진 것 없이 유랑을 하고 있는 셈입니다.

　바로 이 같은 궁핍의 열대 한가운데에서, 레비-스트로스는 남비콰라족과 자신이 근본적으로 같은 인간임을 깨달았습니다. 타자를 찾아서, 유럽에서 가장 먼 곳을 향해, 열심히 열심히 바깥으로 나아갔던 레비-스트로스! 그는 남비콰라족 앞에서 마침내 숲의 한 인간으로서의 '자기'를 보게 되었습니다. 레비-스트로스는 비로소 자신이 여행의 끝에 이르렀음을 알게 되지요. 레비-스트로스는 자신의 여행기를 어떻게 마무리할까요? 이제 레비-스트로스가 한 마지막 명상을 따라가 보겠습니다.

레비-스트로스가 남비콰라족에 대한 소개를 시작하면서 붙인 7부 24장의 제목은 '잃어버린 세계'입니다. 여기서 '잃어버림'이란 단지 '상실된 무엇'만을 의미하지는 않습니다. 레비-스트로스는 마르셀 프루스트의 작품 『잃어버린 시간을 찾아서』에 대한 깊은 공감을 여러 차례 표현한 바 있습니다. 『야생의 사고』의 8장의 제목에 '되찾은 시간'을 붙일 정도였으니까요. 『슬픈 열대』의 '잃어버린'도 『야생의 사고』의 '되찾은'도 모두 프루스트식 세계관에서 가지고 온 것입니다.

프루스트는 잃어버린 시간을 되찾자고 하지요. 시간이 무슨 물건일까요? 잃어버리고 말고 할 수 있다니 말입니다. 프루스트는 우리가 통과한 모든 경험은 다양한 방식으로 결정화되어 우리의 일상 도처에 흩어져 있다고 보았습니다. 우리가 겪은 모든 사건은 지금의 나를 구성하는 잠재적 힘들로 의식의 저 밑바닥에서 계속 숨을 쉽니다. 하지만 그것을 의식의 표면으로 끌어올려서 반추하며 해석하기 전까지는 아무런 의미도 행사할 수 없는 그저 지나간 일에 불과한 것으로 남아 있지요. 그런데 충격적인 사건들, 예를 들면 깨진 사랑, 아니면 그만큼 결정적이지는 않더라도 우연히 돌부리에 걸려 넘어진다든가 하면 그때까지 잠자고 있던 시간이 문득 깨어나 지금의 내 삶을 다른 색깔로 물들게 합니다. 프루스트는 우리가 우연히 조우하게 되는 그런 과거야말로 상식과 습속에 길들여진 이 삶에 신선한 활기를 불어넣어 준다고 생각했습니다. 그리고 누군가 그 과거를 통해 생의 본질을 깨닫는다면 그는 유한한 이 삶, 지금 여기에서 이렇게밖에 살지 못하는 인간사의 세속적 한계를 초월한 지복을 맛본다고 하지요.

레비-스트로스는 남비콰라족에게서 프루스트가 말하는 잃어버린 시간을 보았습니다. 근대인들은 상품으로 넘쳐나는 시장에서 이것을 가져야 한다, 저것을 누려야 한다라고 하는 온갖 말들 때문에 인류가 이미 맛보았던 소박하면서도 진실된 삶의 모습을 되찾지 못하고 있지요. 그것은 무엇일까요?

레비-스트로스는 남비콰라족의 한 족장이 보여 준 문자 문명의 가치와 한계를 통해 열대의 인간이 자기 말로부터의 소외를 얼마나 경계했는가를 살펴보았습니다. 분명 문자는 인간과 인간 사이를 보다 광범위한 차원에서 연결하면서 수많은 정보를 실어 나를 수 있는 계기를 마련해 줍니다. 그렇지만 열대 사람들은 그러한 매개적 도구가 사람과 사람, 사람과 그 환경 사이의 직접적이고 창발적인 관계를 무시하면서 사람의 말과 행위, 생각 등을 정보로 치환하고 권력화한다는 점을 놓치지 않았습니다.

열대 사람들은 문자 없이 어떻게 사회를 구성했을까요? 인디언들은 무리를 성으로, 계층으로, 역할로 이분화시킨 다음 다양한 방식으로 상호작용하면서 각자의 활동이 맞물리도록 하는 기술을 썼습니다(보로로족의 지면 배열). 그들은 이 기술을 신화로 전승시켰습니다. 레비-스트로스는 신화로 구축된 그들의 세계를 구체적으로 관찰해 보았습니다. 우리도 남비콰라족의 세계, 우리가 잃어버린 그 시공의 사회 구성 논리를 따라가 보겠습니다.

레비-스트로스는 먼저 우연히 마주친 두 무리의 남비콰라족을 관찰합니다. 한 무리는 인원수가 모두 18명이고 그 방언이 레비-스트로스가 익히 알던 것이어서 좀 더 자세히 정보를 얻을 수 있었고요. 다른 무리는 모두 34명의 건장한 사람들이었는데 이 부족과는 말도 잘 알아들을 수 없었던 이유도 있고 해서 충분히 이해하기에 어려움이 있었습니다. 숫자가 적은 무리는 타룬데, 숫자가 많은 무리는 사바네라고 불리고 있었습니다. 타룬데와 사바네는 다른 언어를 쓰고 있었기에 둘 사이에는 통역이 필요할 정도였으나 늘 함께 여행하거나 인접한 거리에서 캠프를 쳤습니다. 레비-스트로스는, 전신선을 따라 마구 파괴되던 전통을 겨우 붙들고 있는 남비콰라족이었지만 해체된 그룹들 사이에서는 어떤 식으로든 적정한 규모의 사회를 이루기 위해 애쓰는 모습을 볼 수 있었습니다.

그런데 이렇게 부족 간 관계 또는 부족 내 관계의 조직도를 그리고 구성원들을 배치하는 자는 오직 부족의 족장뿐이었습니다. 남비콰라족에게는 현대의 정치 조직에서 볼 수 있는 의사결정 기구 같은 것이 없었어요. 족장은 거의 전권을 가지고 있었는데요. 그것을 잘 보여 주는 것이 족장에게만 부여되는 일부다처권이었습니다. 레비-스트로스가 관찰한 바에 따르면 아무리 규모가 작은 무리의 족장이라도 열대에서는 일부다처의 혜택을 누릴 수 있었습니다. 마을의 젊은 여자들과 몇 번이나 결혼할 수 있는 족장의 특권 때문에 어떤 무리에서는 젊은 남자들이 동성애로 만족하기도 했었지요. 게다가 레비-스트로스는 자신이 파리에서부터 준비해 온 온갖 교역의 물품들을 오직 족장에게만 줄 수 있었습니다. 그렇게 보면 족장에게는 마을 내외부의 모든 부가 집중된다고도 할 수 있는 셈입니다. 도대체 부족민들은 왜 족장에게 그와 같은 권력을 양도한 것일까요? 어떤 동의가 열대의 부족 안에서 작동하는 걸까요?

과연 족장의 어마무시한 권력이 부족민들로부터 '양도'된 것인지도 검토해 보아야 할 문제입니다만, 레비-스트로스도 우리처럼 족장의 권력에 관심을 가지지 않을 수 없었습니다. 레비-스트로스는 와클레토수(Wakletoçu)라 불리던 무리를 거느린 우티아리티의 족장 한 사람과, 타룬데 족장 한 사람을 비교하면서 열대의 권력관계를 정리합니다.

우선 두 사람 모두 30대인 것으로 보였습니다. 족장은 일단 무리를 이끌 힘과 지혜가 풍부해야 했습니다. 30대 족장이 있는 것으로 보아 무리 수 자체가 그리 크지 않았겠다는 생각도 듭니다. 우티아리티 족장은 대단히 지식이 풍부했고요 꾀가 많았습니다. 백인 인류학자인 레비-스트로스의 작업에도 진정한 관심을 지니고 있었지요. 하지만 그는 레비-스트로스의 인류학 연구를 도울 짬이 없었어요. 바빠도 너무 바빴기 때문입니다. 타룬데 족장도 마찬가지였습니다. 우티아리티 족장이 보다 정치적 수완을 잘 발휘하는 사람으로 보인다면, 타룬데 족장은 명상가요 사색가였습니다. 시인의 기질도 있어서 쇠퇴하는 남비콰라족의 운명을 쓸쓸히 노래하기도 했습니다. 다정하고 예술적 재능도 확실히 있어서 레비-스트로스가 늘 갖고 싶어 했던, 그러나 그 자신은 본 적도 없던 다른 부족의 악기('판의 피리') 하나를 레비-스트로스를 위해 따로 만들어 주기도 했지요. 하지만 타룬데 족장도 여유가 없어서 자신이 준 악기를 레비-스트로스 앞에서 몇 번 불어 보지도 못했습니다.

족장들은 겉으로 보면 확실히 온갖 권력을 다 움켜쥐는 것 같았습니다. 그런데 조금 더 들여다보니 족장에게는 그 누구보다도 과한 의무가 부과되어 있었습니다. 우티아리티의 족장이나 타룬데 족장 모두 유랑 생활 전체를 지도해야 했기에, 유랑 대열을 편성하고 여정을 결정하고 채집과 사냥 규모를 확정하는 일에 사활을 걸어야 했습니다. 대단한 정보력과 통찰력이 필요한 일이지요. 자칫 잘못하면 부족민들의 목숨이 위험하게 될 수도 있으니까요. 유랑 과정에서 마주칠 이웃 마을과의 관계도 정리해야 합니다(연합할 것이냐 적대할 것이냐). 그러니 이웃 부족의 특징이나 기질에도 능통해야겠지요. 숲 상황에는 더더욱 정통해야 합니다. 주변의 지리 상황이나 전체 일기(기후), 동식물에 대한 지식은 다른 이들보다 압도적으로 많아야 합니다.

족장에게는 마을 사람들과의 관계도 아주 중요했지요. 그는 여기저기 관여하지 않는 일이 없었습니다. 무엇보다 그 많은 아내들을 만족시켜야 했습니다. 그야말로 아내들에게는 가장 손쉽게 즐거움을 제공해 줄 수 있는 대상이 되니까요. 마을의 다른 사람들이 심심할 때에는 노래나 춤, 이야기 등을 잘 해서 그들을 즐겁게 만들어 주기도 해야 했지요. 몇몇 부족의 족장은 누가 아프면 바로 달려가는 치료사, 자연의 저주를 풀어 주는 주술사의 역할을 맡기도 했습니다.『슬픈 열대』 567쪽 참고 레비-스트로스는 정말 충격을 받지요. 족장이 뭐든 해주기만을 기다리는 저 부족민들의 수동성과, 자신이 아니면 아무 일도 안될 것처럼 만사에 달려드는 족장의 능동성 사이에 놓인 엄청난 간극 때문입니다.

레비-스트로스가 족장들에게 준 선물은 며칠을 가지 못하고 마을 사람들에게 다 나뉘어 있었고요. 족장의 젊고 예쁜 아내들은 부족민의 아내들이 담소를 즐길 때 족장을 따라다니며 사냥과 채집을 도왔습니다. 족장은 부족민들의 모든 요구를 그의 재력과 아내들의 노동력으로 만족시키는 셈이었습니다. 족장의 미덕은 관대함이었지요. 관대함이란 부족민들이 요구하는 식량, 도구, 무기, 장신구 따위를 전적으로 제공할 수 있어야 하는 능력과 동의어입니다. 이러한 막대한 의무에 대한 보상으로 여자들이 족장에게 주어지지만 여자들은 권력의 보상인 동시에 수단으로 기능하는 것입니다.

그러므로 마을의 족장은 하나의 역할값이라고 해야 합니다. 족장은 누군가가 하나의 특권적 권위를 가질 필요에 의해 만들어진 제도가 아니라, 하나의 집단이 그 자체를 영속시키기 위해 발명한 장치였습니다. 그리고 남비콰라족은 족장을 세습하지 않았어요. 족장은 구성원들에게 어느 정도의 신뢰감을 주는가에 따라 결정됩니다. 마을 사람들로부터 거의 전적인 신뢰와 동의를 받아야지만 족장은 자신의 위신 속에서 마을을 이끌어 나갈 수가 있습니다. 만약 누군가가 족장에게 불만을 품는다면 그의 권위는 바로 추락하게 되며 사람들은 족장을 버리고 금방 다른 부족의 족장에게로 가서 자신을 받아 달라고 할 수 있습니다. 그래서 족장은 현명해야 합니다. 그것은 전권을 쥔 군주의 현명함이라기보다는 끊임없이 동의를 유지해야 하는 정치적 책략가의 현명함이지요.

2. 관대함, 관계 속의 권력

레비-스트로스는 이들 족장을 통해 권력의 심리적 기초와 현실적 기초에 대해 생각해 볼 수 있었습니다. 권력의 심리적 기초는 전적인 '동의'입니다. 족장은 어떤 경우에도 부족민들로부터 거의 100퍼센트 동의를 받아야만 합니다. 사실 레비-스트로스가 권력의 동의적 기원에 대해 이야기하는 까닭은 사회를 구성하는 방식을 단독적 개인의 '합의'로 보는 통속적 사회계약론자들의 의견에 반대하기 위해서입니다. 근대 유럽의 정치 권력은 구성원 개개인의 '합의'라는 점을 강조했습니다. 특히 홉스식의 사회계약론에서는 개인이(서로가 서로에게 늑대인) 먼저 있고, 그들의 필요에 의해 '사회'라는 것이 구성되며, 다시 그 필요에 의해 기능적으로 '국가'라는 것이 도출됩니다.

하지만 남비콰라족에게는 서로가 서로에게 늑대인 '개인'은 존재하지 않습니다. 보로로족의 지면 배열이 잘 보여 주듯 열대의 인디언들은 서로 상보적인 관계에 놓여 있고 누구 하나가 자기 자리에서 제 역할을 하지 못한다면 전체 마을이 잘 돌아가지 않습니다. 그래서 권력의 현실적 기초는 호혜(réciprocité)입니다.『슬픈 열대』 573쪽 족장은 권력을 소유하지만 관대해야 합니다. 족장과 그의 구성원 사이에는 급부와 특권, 편익과 의무가 끊임없이 갱신되면서 균형을 이루게 됩니다. 여기서 주의할 점은 족장의 모든 특권과 상보적 관계를 이루는 대상은 아내를 제공한 가족의 아버지들이나, 그에 의해 권리를 박탈당한 다른 성인 남자들이 아니라는 점입니다. 바로 앞에서 말씀드린 것처럼 남비콰라족은 '개인'을 모릅니다. 그래서 이 경우 족장은 부족 전체와 호혜관계에 들어간다고 해야 합니다. 이들의 사회계약론은 족장을 비롯한 한 사람 한 사람이 '부족 전체'와 계약을 맺는 관계라고 할 수 있는 것입니다.

이는 마르셀 모스도 지적하고 있는 점입니다. 마르셀 모스는 이때의 '전체'를 다음과 같이 설명합니다.

우리 사회에 선행한 사회——원사시대(原史時代, protohistoire)의 사회에 이르기까지——의 이른바 사회생활을 구성하는 모든 것들이 그곳에서는 서로 뒤섞여 있다. 이 '전체적인' 사회현상(phénomène social 'total')——우리는 이렇게 부르자고 제의한다——에서는 갖가지 종류의 제도가 동시에 또 일거(一擧)에 나타나고 있다. 즉 이 사실들이 귀착하는 심미적인 현상과 그 제도들이 나타내는 형태학적(形態學的) 현상은 차치하고라도 종교제도·법제도·도덕제도——이것들은 정치제도인 동시에 가족제도이기도 하다——그리고 경제제도——이것은 생산과 소비, 아니 더 정확히 말하자면 급

부와 분배의 특수한 형식을 전제로 한다——가 나타나고 있다.마르

셸 모스, 『증여론』 이상률 옮김, 한길사, 2002, 47쪽

'전체'란 단지 구성원들의 집합만을 의미하는 것은 아니며, 그들 삶을 둘러싼 환경과 그에 맞물리는 생활의 전반적 양식을 다 포함하는 것으로서, 형태적으로나 관념적으로 정확하게 구획 가능한 활동들의 집합도 아닙니다. 이는 개체적 사고로는 포괄할 수 없는, 삶의 활동적 리듬의 여러 결들이 생동하는 장을 뜻하는 개념입니다.

그런데 개인이 전체와 관계를 맺는다? 뭔가 전체주의적인 느낌이 들기도 합니다. 여기서 모스가 설명한 이 '전체'에 대해 조금 더 주의를 기울이면 그 특이성을 이해할 수 있습니다. 이를 위해 서양 중세의 토박이(vernacular) 삶을 인류학적으로 살핀 이반 일리치의 연구를 참고해 보도록 하겠습니다. 이반 일리치는 근대 이전까지 역사와 전통의 주체는 사람이 아니었다고 말합니다. 이반 일리치는 그것을 '도무스'(domus)라고 합니다. 도무스란 중세의 '집' 개념으로 "두 젠더가 만나는 장소와 거소, 곧 부엌이라든지 토지, 재산 등을 의미하며, 아이들은 물론이고 종과 손님까지 포함하는 전 가족"을 뜻합니다.이반 일리치, 『젠더』 허택 옮김, 사월의책, 2020, 116쪽 중세의 농노는 토지 소유에 집착하지 않았고 도무스에 신경을 썼다고 하지요. 도무스가 배우자나 아이보다 더 중요했는데요. 도무스야말로 실제적이고 독자적인 것이었기 때문입

니다. 세대에서 세대로 이어지는 것은 재산이 아니라 도무스였습니다. 도무스를 통해 물질적 생활이 창출되고, 이런 가정이야말로 "그 남녀 구성원을 통해 주된 행위의 주체로 존재"했습니다.이반 일리치, 앞의 책, 117쪽 도무스란 사람을 포함해서 물질적 삶을 계속 생산해 내는 장인데 그 실제적인 삶은 남자와 여자, 노인과 아이, 소와 돼지, 친구 등이 다함께 만들어 내는 무엇이 됩니다. 이를 단 몇 마디 말로 간단히 정리할 수는 없습니다.

언뜻 생각하면 국가를 위해 헌신할 것을 강요했던 국가주의와 차이가 없어 보입니다. 하지만 도무스에서의 개인은 n분의 1이 아니라, 대체 불가능한 자기 자리를 갖고 서로에게 깊이 의존하면서 우주·자연과 함께 우리들의 삶을 낳고 또 낳는 주체입니다. 도무스 안에서 한 사람은, 근대 국가를 뒷받침하는 관료제에서처럼 '민족중흥'과 같은 추상적 목표를 위한 일분자로서 국가 시스템을 잘 돌아가게 하는 조직도 안의 한 부품처럼 살지 않습니다. 씨앗을 뿌리는 것은 남자가, 풀을 베는 것은 여자가, 그것을 다시 싣고 집으로 돌아오는 것은 할아버지가, 집에서 풀을 엮는 것은 할머니가. 이런 식으로 생산에 관여하는 모든 손들은 상보적으로 힘을 합하지 않으면 안 됩니다. '도무스' 개념에 따르면, 매 순간 같은 모습의 자연이 없듯 우리는 삶이라고 하는 거대한 인연의 장 안에서 매번 다른 삶들과 함께 새로운 생기로 충만한 일상을 만들며 살아갑니다.

다시 열대로 돌아가겠습니다. 족장이 거느린 그 수많은 아내들은 족장에게 처가들에 대한 부채감을 유발시키지 않았습니다. 족장에게 아내를 제공할 필요가 있었던 것은 오히려 도무스로서의 마을 전체이기 때문입니다. 족장의 권력은, 근대 국가의 법률 등에서 강조하는 바와 같이 국민 개개인으로부터가 아니라 마을이라는 도무스로부터 옵니다. 즉 마을을 둘러싼 온 사람과 가축 물건들의 관계 전체로부터 옵니다. 여기서 우리는 보다 정확히 알 수 있습니다. 족장 역시 하나의 사람이 아니라, 이 모든 '전체적 관계 속에서의 족장'이라는 것을요.

잃어버린 세계의 열대 사람들은 자연이 허락한 대로 우기나 건기에 맞춰 이동하며 삽니다. 또 마을의 지면 배열과 같은 관습, 때로는 족장의 독단적 판단이 되기도 하는 어떤 것에 전적으로 자기 운명을 맡깁니다. 수동적이기 이를 데 없지요. 족장조차도 도무스에 종속된다는 점에서 수동적입니다. 원론적으로 말해 족장도 자기 취향, 자기 의지, 자기 판단 같은 것은 가질 수 없는 것이니까요. 족장은 어떤 물질도, 인간관계도 자기 소유로 가져가지 않습니다. 이 지점에서 우리는 '개인이 없다'라는 말을 다시 음미해야 합니다. 관계 속의 나입니다.

족장의 자리에 감히 들어가려는 인간을 어떻게 이해해야 할까요? 족장이 연로해져서 병이 들거나 더이상 무거운 임무를 질 수 없다고 판단되면 그가 후계자를 선택합니다. 그런데 이것도 족장의 기호에 따른 것은 아니고요, 마을의 장로들, 구성원들의 두터운 신망을 받는 자가 족장으로 추대되는 형식입니다. 하지만 그렇게 족장이 될 것을 요구받는다 하더라도 선택은 지목받은 사람 마음입니다. 얼마든지 거절할 수 있습니다. 부족민들이 관대하지 못한 족장을 버릴 수 있는 것처럼, 그 누구도 너는 족장이 되어야 한다며 강제할 수 없습니다. 그럼 도대체 누가 이 많은 의무를 지고 열대라고 하는 무시무시한 우림에서 사람들을 도우며 평생을 봉사할까요?

여기서 레비-스트로스는 '한 사람'을 봅니다. 남비콰라족에게서 인간 사고의 원초적 생기와 능력, 그 방식의 모델을 찾으려 했던 레비-스트로스였습니다. 그런데 이들의 사회계약 관계를 파악하던 중 레비-스트로스는 자연 안에서, 지면 배열 안에서, 공동체의 온갖 관계들과 의무들 속에서, 그런 조건 속에서 최고로 자기답게 살아가는 사람을 발견했습니다. 완전히 자율적으로 전체를 느끼고 모두와의 관계 맺음 속에서 자기 존재감을 키워가는 자유인으로서의 족장! 그는 관계를 누리는 자유를 부족에 대한 헌신으로 표현했습니다.

이 족장은 자신이 받아야 하는 엄청난 의무감이 그에게 권력을 줄 것이라고 기대하지 않습니다. 중요성 자체를 사랑하는 일, 책임지는 데서 느끼는 기쁨. 그가 원하는 이 두 가지가 무엇을 의미할까요? 더 많은 관계 속에서의 삶입니다. 우리의 상식으로 보아도 그렇지요. 이 음식도 저 음식도 먹을 줄 아는 사람이 건강하고 오래 살지 않겠습니까? 다양한 고도에서 살아갈 수 있는 생물만이 최고의 포식자로 숲을 지배할 수 있을 것입니다. 이렇게도 가리고 저렇게도 가리며 자신의 욕망, 취향, 소유만 고집하면 접속할 수 있는 삶의 지점들이 줄어들 수밖에 없겠지요. 누군가의 눈에는 '의무'로 보이겠지만, 이 족장에게는 수많은 관계들의 망 속을 거침없이 유영할 수 있는 것이야말로 자유였습니다.

3. 모두 숲의 인간임을 알다

카프카는 「가장의 근심」이라는 작품에서 대단히 독특하고 하이 브리드 한 놈을 세상에 내놓습니다. 과거가 없고 미래가 없는 이 녀석의 이름은 오드라데크인데요. 시작도 끝도 없는 존재 즉 영 원히 사는 존재입니다. 녀석은 모든 장소에서 불쾌하다는 취급 을 받지요. 누구로부터? 바로 '가장'입니다. 아버지죠. 아버지의 아버지로부터 내려온 존재, 내 아들의 그리고 또 그 아들의 아버 지가 될 가장은 오드라데크를 보며 소름 끼치니까 어서 없어져 버렸으면 좋겠다고 생각합니다.

카프카는 '목표'가 주는 한계를 보았습니다. 인간은 자신이 붙들고 사는 바로 그 목표에 맞게 자기 삶을 조정하지요. 그 목표 와 함께 생의 반경이 그어집니다. 그런데 그 결과가 무엇일까요? 그는 자기 목표에 갇힙니다. 목표지향적 사람들이 종종 원하는 것을 얻고 난 뒤 늪과 같은 허무함에 빠지는 이유가 여기에 있죠. 이 목표에 맞게 쪼그라들 대로 쪼그라든 일상이 목표 너머를 상 상할 능력을 앗아간 탓에 찾아오는 공허!

생명을 가진 모든 존재는 어쨌든 오늘 하루의 이 삶을 밀고 나가기 위해 보다 더 자신을 살게 하는 쪽으로 고개 돌릴 수밖에 없지만, 그렇게 고개를 들고 바라본 지점을 절대화하는 순간 그 목표 때문에 쓰러지게 됩니다. 때문에 카프카는 자기 목표를 절대시하지 않는 자에게만 자유가 허락된다고 했던 것입니다.

레비-스트로스 역시 자기 목표의 끝에 이르게 됩니다. 그 끝에서 그를 기다리고 있던 것은 무엇일까요? 유럽인들과는 완전히 다른 순수한 자연인? 당연히 그런 '자연인'은 어디에도 없습니다. 인간의 모든 무리는 자연 앞에서 제 나름의 규칙을 만들기에 열심이었습니다. 그 뜨거운 결심의 한가운데에서 레비-스트로스는 권태라고 하는 무거운 적을 만나게 됩니다. 그토록 열심히 찾고자 했던 열대의 새로움이었으나, 새로움 자체가 목적이 되고 보니 어떤 새로운 것에도 반가운 마음이 들지 않았던 것이죠. 신기한 동식물들, 낯선 풍습들, 아무튼 처음 보는 것들, 그러나 레비-스트로스는 문득 그 무엇에도 권태를 느끼는 자신을 발견했습니다.

열대의 가장 외진 곳에 사는 투피 카와이브족을 찾아가는 길, 이제 레비-스트로스의 눈에 들어오는 것은 흥미진진한 숲이 아니라 매일같이 익숙해지는 일상입니다. 그는 인간의 어떤 시도도, 더 나아가 자연의 어떤 시도도 그다지 새로울 것이 없다는 태도로 숲을 관조하게 되었습니다. 이것은 30장 '카누를 타고'에서 잘 나타납니다.

레비-스트로스는 열대의 심장부에 있는 투피 카와이브족을 찾아가는 길을 통해 탐험을 마무리하려고 합니다. 자신이 어떤 열대 요리를 즐겼는지를 설명하기도 하고요, 인디언들에게서 들은 옛날 이야기를 음미하기도 합니다. 투피 카와이브족을 찾아간다고는 하지만, 실제로 8부에서 레비-스트로스가 클로즈업하는 것은 자신의 일상과 심상입니다. 투피 카와이브족의 생활사에 대해서는 거의 설명을 하지 않습니다. 자신의 세계로부터 가장 멀리까지 가 보려 했던 레비-스트로스가 마침내 만난 것은 열대를 돌아다니고 있는 한 사람의 인간, 그의 마음이었습니다.

끝이 주는 허무함이 레비-스트로스를 피해 가지 않았어요. 갑자기 파리에서 교수나 정치가로 승승장구하고 있는 옛 친구들이 떠오르기도 했고요. 그럴 때면 화도 났습니다. '나는 도대체 무엇을 얻기 위해 이토록 먼 곳에 와 있는가?' 레비-스트로스는 무용한 야생을 헤매면서 자신이 무엇을 얻고자 했는지, 갑자기 길을 잃은 기분이 들었습니다.

그런데 바로 여기가 놀라운 대목입니다. 레비-스트로스는 자신의 시선을 완전히 자기 내부로 돌려서 허무해하는 자기 마음을 분석하기 시작했습니다. 제목이 투피 카와이브족인데 허무의 늪에 빠지고 있는 자기 마음을 들여다보고 있다니요? 그렇다면 레비-스트로스는 투피 카와이브족의 한 사람인 자기, 유럽인이건 투피 카와이브족이건 간에 느낄 수밖에 없는 인간 정신의 어떤 상태를 자기라고 보는 셈입니다.

레비-스트로스는 자신의 곤경을 다음과 같이 정리합니다.

앞서 그는 민족학자로서 유럽인들의 오만한 문명관을 비판하고자 했었습니다. 그런데 그 비판은 논리적 모순을 갖고 있었어요. 유럽인으로서 열대인을 비판하고자 하면, 열대의 여러 부족들이 가진 관습 속에서 유럽적인 것을 걷어 내야 합니다. 열대 사람들에게서 유럽인들의 모습 같은 것이 발견되면, 바로 야단을 치며 나무라야 합니다.

그런데 유럽과 열대는 서로 다른 기후 조건과 역사의 맥락을 갖고 여기까지 오지 않았겠습니까? 앞서 예를 들었던 식인을 다시 떠올려 보죠. 인간의 신체를 신성시하는 유럽인의 시선으로 보면 명백히 야만적인 행위지요. 그런데 열대 사람들이 본다면 인체를 훼손하여 과학의 도구로 삼는 해부학이 야만적 행위가 되겠지요. 우리가 보게 되는 두 개의 야만 사이에는 공통된 문제의식에 기반한 차이 나는 해결 방법이 있을 뿐입니다.

마침내 레비-스트로스는 흘러가는 아마존의 강물을 바라보면서, 끝도 없이 위로 뻗어 있는 열대의 숲을 올려다보면서, 어떤 문명도 그 최고 목적은 자연으로 돌아갈 길을 모색하는 데에 있는 것이 아닐까라는 데에 생각이 미치게 되었습니다. 레비-스트로스는 그 생각을 한 편의 희곡으로 정리하는데요, 그것이 9부의 37장 '신이 된 아우구스투스'입니다.

'신이 된 아우구스투스'에는 두 사람이 등장합니다. 위대한 황제 아우구스투스와 자연의 화신 '시나'(Cinna)입니다. 아우구스투스는 문명을 최고도로 높인 공로를 인정받아 원로원으로부터 신으로 추대될 예정입니다. 그런데 '신'이란 무엇일까요? 문명 바깥의 존재지요. 사람들은 세속적이고 정치적인 모든 의무를 초월한 곳에 그를 모시려 하는 것입니다. 신의 자리는 청결과 불결의 구분선이 사라지고 미덕과 악덕의 이해도 사라진 곳에 있습니다. 즉 자연입니다. 신은 완전히 자연을 육화하게 되어 모든 현실 정치의 바깥에 있게 됩니다. 인간인 아우구스투스는 신격화를 통해 어떤 바닥에서도 잘 수 있고 어떤 음식도 먹을 수 있게될 것입니다.

그와 반대의 축에 서 있는 자가 시나입니다. 시나는 사회를 거부하고, 그 바깥에서 사회의 법을 초월하려고 했었습니다. 그러나 인간의 법을 초월하려고 한 모든 시도가 인간으로서의 자신한테는 너무나 억지였음을 느끼게 됩니다. 말로써 청했더라면 한때의 친구 아우구스투스는 자신의 여동생을 기꺼이 건네주었을 겁니다. 시나는 왕의 처남으로서 위대한 재상이 될 수도 있었겠지요. 시나는 아우구스투스가 사회를 건축한 그 보상으로 자연까지 얻게 된다는 것에 질투를 느꼈습니다. 그리고 시나는 자신의 기획이 애초부터 잘못되었음을 깨달았습니다. 사회를 비판하기 위해 자연으로 들어갔지만, 근본적으로 인간인 그는 인간들 사이에서의 명성이 필요했을 뿐이었던 것이죠. 사회 바깥의 가치를 구현해서 자신의 사랑을 쟁취하겠다는 것도 인간적 욕망이며, 자연을 탐구하고 분석했던 방법 역시 인간 사회로부터 배운 것이며, 그가 결국 돌아가고자 한 곳 또한 인간의 사회일 수밖에 없었습니다. 자기 사회를 비판하려는 어떤 시도도 그 사회의 산물이기에, 시나는 자신이 그토록 벗어나고 싶었던 바로 그 문화의 자식일 뿐이라는 사실만 확인하게 되었습니다.

아우구스투스도 자기모순을 느꼈습니다. 그는 문명의 최고 자리를 앞두고 극도의 공포를 맛보았습니다. 인간인 그가 과연 모든 시체, 모든 부패물, 모든 분비물이 아무렇지도 않게 느껴지고 나비들이 자신의 목덜미에 앉아 교미를 하게 되는 것을 감당할 수 있을까요? 자기 사회를 초월한 자인 '신'이 되면 그는 자기 사회에는 어떤 영향력도 끼칠 수 없는 자, 하나의 추상적 상징에 불과하게 됩니다. 그의 모든 성과는 다만 하나의 지나간 영광으로 화석화될 뿐, 육체를 가진 현실의 그는 앞으로 인간사의 어떤 문제에도 개입할 수 없게 되겠지요. 자신의 인간성을 걸고 시도한 모든 인간적인 시도는, 그 자신을 인간의 영역에서 추방하는 결과만을 낳았습니다. 그래서 아우구스투스는 신이 되고 싶지가 않았습니다. 하여, 그는 시나를 몰래 찾아가 자신을 죽여 달라는 부탁을 하게 됩니다. 자신의 인간적 삶을 완성하고, 도시민들에게는 신이라고 하는 기호적 선물을 줄 수 있기를 희망했던 것입니다. 그렇게 되면 시나도 암살자로서, 살왕자(殺王者)로서 문명 안으로 다시 돌아올 수 있게 되겠지요. 그렇게 시나는 인간들의 이야기 안에서 영생을 누리게 될 거예요. 레비-스트로스는 이 희곡을 완성하지는 않고요, 다만 아이디어의 차원에서 간략하게 설명합니다. 그가 이 작품을 통해 풀어 보고자 한 문제는 무엇일까요?

레비-스트로스는 이 희곡을 통해 민족학자로서 자신의 작업을 원래와는 다른 지점으로 이동시켰습니다. 애초에는 이문화 비교였지요. 유럽이 '아닌' 세계에 대한 탐구. 그러나 근본적으로 보면, 우리는 모두 인류입니다. 인류인 이상 가장 고민이 되는 바는 자연과의 관계입니다. 그 관계에 대한 근원적 철학이 도대체 어떠했는가에 대한 탐구야말로 민족학자의 과업이 되어야 하지 않을까요? 인류학은 인간의 모든 발자취에 깃든 이 노력을 이해해야 합니다.

우리에게 타자는 지금 이렇게밖에 살 수 없는 내 문화의 한계를 다양한 측면에서 다르게 보게 하는 존재들입니다. 레비-스트로스는 이 '타자'가 보다 근원적 차원에서 보면 생멸을 관장하는 숲이라고 생각하게 되었습니다. 근대 문명은 인간이 본디 숲의 인간임을 놓치고 있습니다. 그렇기 때문에 레비-스트로스는 잃어버린 시간을 되찾아야 한다고 말했던 것입니다. 잃어버린 시간이 바로 열대에 있다는 것이지요.

우리는 왜 잃어버린 시간을 되찾아야 할까요? 그것은 지금 우리들의 관습을 개량하기 위해서입니다. 레비-스트로스는 나중에 자신의 전기적 인터뷰집의 제목을 『가까이 그리고 멀리서』라고 붙이기도 했습니다. 가까이 그리고 멀리서, 결국 무엇을 본다는 것일까요? '숲의 나'입니다. 그는 나 자신의 어리석음을 통찰할 수 있도록, 자기로부터 가장 먼 것처럼 보이나 결국은 가장 근원적으로 자신과 가까운 그곳을 바라보고자 했던 것입니다.

가와다 준조도 비슷한 경험을 이야기한 적이 있습니다. 가와다 준조는, 일본인인 그가 왜 굳이 서아프리카에까지 와서 인종적으로나 문화적으로 전혀 다른 사람들을 이해하려고 애쓰냐는 질문을 수차례 받았습니다. 그때 그는 이렇게 답했습니다.

왜 일본인인데 아프리카의 공부를 하게 되었는지 자주 질문을 받는다. 첫째 이유는 일본인과는 마치 다른 것처럼 보이는 사람들이 있는 곳에 가 보고 싶었기 때문이다. 그리고 정말로 전혀 다른지 아니면 파고 들어가면 표면상의 차이를 넘어 인류의 문화에는 서로 통하는 점이 있는지 알고 싶다고 생각했기 때문이다.

결과는 어떠했을까? 지금의 나로서는 뭐라 말은 할 수 없다. 나는 분명히 외견이 전혀 다른 아프리카 오지의 흑인들과 어울려 보고 그들과 일본인 사이에 여러 공동성을 발견하기는 했다. 인사의 중요성, 인간관계의 번거로움, 의성(의태)어의 풍부함 등등. 그런데 그러한 유사점을 열거해 보아도 재미없을 뿐이다. 먼저 '아프리카의 흑인'이며 '모시족'이었던 그들은 깊이 사귀어 감에 따라 나에게는 사와도고 씨라든가 왕그레 씨라는 개인이 되었다. 그리고 나는 그때 그 사람과 함께 무심코 웃거나 재회를 기뻐하거나 아무런 득도 되지 않는 이렇다 할 의미도 없는 순간, 그런 식으로 지나치며 우연히 마음이 서로 통하던 중에, 오히려 인간으로서의 깊은 유대를 느꼈다. 그러한 때 상대가 흑인이라든가 모시어를 쓴다고 하

는 것은 더이상 내 의식 속에 떠오르지 않는다.가와다 준조, 『소리와 의미
의 에크리튀르』 268쪽

시야를 더 멀리에 둘수록 우리 자신과 그 밖의 것들 사이에
는 더 많은 공통점이 발견됩니다. 아프리카인이라든가, 일본인
이라든가, 유럽인이라든가, 열대의 인디언이라든가 하는 분류는
모두 작위적일 뿐이며 실제로 특정한 시공간을 호흡하며 살아가
는 한 사람 한 사람은, 그런 분류 기준과는 관계없이 자연 조건을
따라 문화적 규범을 만들기 마련입니다. 앞의 인용도 참 재미있
지요. 가와다 준조는 그저 한 사람의 사와도고 씨와 왕그레 씨를
만나기 위해서 자신이 갈 수 있는 가장 먼 곳까지 가려고 했을 뿐
입니다. 개별 문화의 틀 이전에 존재하는, 인간적 삶의 근본 원리
를 충실히 표현하는 구체적인 인간 한 사람, 그런 열대인에 대한
탐구야말로 가와다 준조나 레비-스트로스가 추구한 목표였던
것이죠.

열대를 나오는 레비-스트로스를 보며 저는 한 가지를 깨닫
습니다. 여행을 왜 하는가? 라는 질문은 더이상 아무 의미가 없
습니다. 레비-스트로스는 자신의 목표가 자신을 가둔 그물임을
발견했습니다. 정말로 자신이 도착하고자 한 그 한계까지 이르
렀기 때문에 그런 갑갑함도 느끼게 되는 것이겠지요.

레비-스트로스는 그 한계 앞에서 자신을 삼키려는 권태를
붙들고 생각에 생각을 거듭했습니다. 이제 나는 어디로 가야 하

나? 그때 그의 눈에 인류라는 존재가 들어왔습니다. 완전한 사회는 없습니다, 완전한 인간도 없지요. 우리는 '다른' 인간을 '다르다'는 이유로 과소평가하거나 과대평가할 필요가 없습니다. 가시적으로 보이는 '다름'은 오직 자연의 한 종으로서의 내가 걸어갔을지도 모를, 삶의 다른 가능성에 대한 표식일 뿐입니다. 그러니 다른 인류에 의해 이루어진 것을 함부로 평가함으로써 우리가 완수할 수도 있었을 모든 것을 헐뜯어서는 안 됩니다. 여행은 내 삶의 가능성을 확대하기 위한 시도여야 합니다.

제9부
인류학, 나의 무지를 알아 가는 공부

1. 탁실라, 무(無)의 근원

레비-스트로스의 열대 우림 탐방은 종결되었습니다. 이제 남은 일은 고향으로 돌아가는 것입니다. 그런데 『슬픈 열대』의 마지막 9부의 배경은 출발했던 장소인 파리가 아니라 아시아입니다. 레비-스트로스는 마지막 장에서 두 곳의 장소를 선택해서 자신의 여행기를 마무리하는데요, 하나는 탁실라 유적이고 다른 하나는 챠웅의 작은 불교 사원입니다. 둘 다 산업문명을 싣고 질주하는 유럽이나 석기시대의 감성의 원시 부족이 살아가는 장소가 아닙니다. 사실 이 장소들은 '아시아'라고도 할 수 없는데요. 탁실라는 고대 문명의 유적지이고 챠웅 사원 역시 정신없는 도시 생활과는 거리를 둔 한적한 수련처이기 때문입니다. 우리가 '아시아'라고 하면 떠올리게 되는 중화 제국이나 유교 문명과 상관 있는 도시도 아닙니다. 문명도 원시도 아닌 곳으로서의 아시아, 과연 레비-스트로스가 돌아가고자 하는 장소는 어디일까요? 챠웅 사원에 관해서는 조금 이따가 말씀드리기로 하고요, 먼저 레비-스트로스가 왜 탁실라를 여행기의 마무리 장소로 선택했는지부터 살펴보겠습니다.

탁실라는 현재의 파키스탄 북서부, 카슈미르 산악지대의 기슭에 위치한 라왈핀디(Rawalpindi)와 페샤와르(Peshawar) 사이에 있는 고대 유적지입니다. 제가 언뜻 검색을 해보았는데 지금도 관광지로 유명한 곳은 아닌 듯합니다. 레비-스트로스가 방문했을 무렵도 비슷했던 것 같습니다. 레비-스트로스는 탁실라가 철로로부터 수 킬로미터 떨어져 있는 곳이었다고 하면서, 그곳을 방문하기 위해 기차에서 내려 버스라든가 말 등을 바꾸어 타면서 힘들게 이동해야 했다는 것을 암시합니다. 정말이지 레비-스트로스는 어디 편한 길은 결코 들어가지 않는 분인가 봅니다. 늪지대와 우림, 초원과 고원을 헤매지 않으면 여행도 아니다!

문득 『슬픈 열대』 초반의 몇몇 장면이 떠오릅니다. 브라질에 막 도착했을 때였는데, 그때에도 레비-스트로스는 남들 다 가는 유명한 관광지를 찾아가기보다는 상파울루의 구도심처럼 켜켜이 세월이 무차별적으로 녹아 있는 장소를 혼자 찾아가곤 했습니다. 다채로운 공간을 탐구하고 싶은 것만큼이나 흥망성쇠하는 다양한 시간의 풍경도 보고 싶었나 봅니다. 특히 레비-스트로스는 일어났다 스러지고, 나타났다 없어지는 무상함에 마음을 많이 기울이는 것 같습니다.

그런데 왜 탁실라여야 했을까요? 탁실라 유적의 기원은 기원전 5세기 무렵까지 올라갑니다. 이 무렵은 소위 '축의 시대'라고 불립니다. 인류사에서 화폐경제가 발달하고, 불교나 기독교 등 보편종교가 등장한 시기입니다. 지중해의 고대 그리스 지방에서는 탈레스, 아낙시만드로스, 피타고라스, 헤라클레이토스가 자연철학에 힘썼고, 중국에서는 노자와 공자, 인도에서는 붓다가 만물의 이치에 대해 큰 가르침을 설파했습니다. 탁실라에서는 그 무렵부터 현장법사가 방문하게 되는 7세기까지 쉼 없이 인류의 고대 문명과 종교가 발흥하고 사그라져 갔습니다. 탁실라는 보통 쿠샨 왕조A.D. 78~226까지 존재한 북서 인도에서 중앙아시아에 미치는 왕조라든가 뒤이은 굽타 왕조의 영광 때문에 불교 유적지로 알려져 있습니다만, 실은 조로아스터교의 페르시아라든가, 중앙아시아 초원문명의 기수인 파르티아인, 스키타이인도 이곳을 거쳐 간 적이 있었어요. 계곡에서는 고대 그리스문화와 불교문화가, 다양한 아시아대륙의 전사들이 쉼 없이 힘을 겨루고 우정을 나누고 하는 일이 있었을 것입니다. 그리고 그 혼합된 거대한 문명의 에너지는 이슬람의 침입을 받아 현재까지 이어져 오고 있지요. 오직 기독교만이 그곳을 통과하지 못했습니다.

레비-스트로스는 탁실라에서 무엇을 보려고 했던 것일까요? 『슬픈 열대』의 1부부터 8부까지 레비-스트로스는 마치 마법 융단을 타고 지구를 돌 듯 유럽에서부터 남아메리카에 이르기까지 도처의 장소들을 광대하게 공간적으로 비교하는 여행을 했습니다. 반면 탁실라가 상징하는 것은 시간의 장구한 파노라마입니다. 그 자리는 초목이 전무하고 온갖 문명의 발자국만 어지러이 남겨져 있었어요. 인류의 근원은 폐허의 모습을 하고 있는 셈입니다. 레비-스트로스는 거의 텅 비어 있다시피 한 탁실라를 높고 먼 곳에서 바라보며 그 위에 세워졌던 문명을 하나하나 상상해 보았습니다. 모든 영화(榮華)가 나타났다 사라지는 전 과정이 그의 마음속에서 장엄하게 연출되었겠지요. 그 웅장한 위용이 떠오르는 만큼 그 쇠락이 주는 허무함은 컸을 것입니다. 하지만 그것이 바로 인류의 운명입니다. 모든 문화가 결국은 무로 돌아갑니다. 근본적으로 생각하면 어떤 탄생도 어떤 성취도 소멸의 운명을 벗어날 수 없습니다. 물론 이것은 만물의 운명이기도 합니다. 레비-스트로스는 문명사적 관점에서 인류의 유구한 세월이 갖는 의미를 이해해 보려 했던 것입니다.

한 가지 더 재미있는 사실을 말씀드리고 싶습니다. 탁실라는 현장법사(玄奘, 602~664)의 구법길에 등장하는 도시이기도 하지요. 레비-스트로스도 현장법사를 잠깐 언급합니다. 현장법사는 16년 동안 1만 8000킬로미터를 걸으며 해탈에 이르는 길을 닦았고, 당나라로 돌아와서는 『대당서역기』를 썼습니다. 이 『대당서역기』에는 현장이 방문했던 인도와 파키스탄의 고대 왕국에 대한 소개와 불교 유적에 대한 감상이 가득 들어 있습니다. 레비-스트로스가 이 여행기를 읽었는지는 모르겠습니다만, 『대당서역기』 또한 수많은 인간의 행적을 찾아보며 생로병사의 근원에 이르려고 했다는 점에서 진정 레비-스트로스의 선배라 할 수 있을 것 같습니다. 탁실라는 인류학의 발원지였던 것이죠.

2. 필요한 것은 고향을 떠나려는 용기

레비-스트로스가 탁실라를 인류의 기원으로 본 까닭은 시간에 의한 자연스러운 영고성쇠의 상징이어서이기도 하지만, 문명의 폐쇄와 단절이 갖는 의미를 생각해 볼 수 있기도 해서입니다. 레비-스트로스는 열대로 들어가기 전에 이미 상이한 문명 안에서 작동되는 기본적 형식 논리를 분석하고, 그 최후의 형태로서 카스트제도를 비판한 적이 있습니다(4부 「대지와 인간」). 그가 보기에 인도의 완고한 신분제는 사회를 구성하는 인간들을 역할별로 차등하게 구별한 뒤 그 자리값 안에 영원히 붙박아 두는, 인간적 삶의 생기를 견고한 제도의 틀로 찍어 내리누르는 것이었습니다.

레비-스트로스는 이 카스트 제도를 당시 유럽의 나치즘과 비교했습니다. 레비-스트로스는 첫번째 열대 탐험 뒤에 바로 학자로서 자리를 잡을 수는 없었습니다. 2차 세계대전으로 나치즘이 광포하게 맹위를 떨치게 되자 유대인이었던 그는 유럽에서 목숨을 부지하기조차 힘들었어요. 미국으로 쫓겨가야 했던 레비-스트로스는 나치즘과 함께 전개되는 독일민족주의의 끔찍한 배타성에 큰 충격을 받았습니다. 나치즘의 추종자들은 우월하고 순정한 독일 문명을 재건하고자 불순한 존재들을 색출 박멸하는 데 온 힘을 쏟았습니다. 독일문명이라고 하는 정체성을 구축하는 일은 끔찍한 타민족 혐오로 즉각 이어졌고 그 결정판이 바로 아우슈비츠였습니다.

레비-스트로스는 탁실라에서 나치즘이 보여 준 광포한 자민족중심주의를 다시 떠올립니다. 그런데 그것은 2차 세계대전 전의 나치나 과거 이슬람 근본주의자들을 나무라기 위해서는 아니었습니다. 4부 「대지와 인간」에서 카스트로 부패해 가는 인도를 자본주의를 절대화하는 유럽 문명의 최후로 읽었던 것처럼, 그가 탁실라에서 보는 것은 동시대 유럽 특히 프랑스의 자문화 중심주의입니다. 레비-스트로스는 나치즘이 지나간 후임에도 또 다른 얼굴을 한 자기 우월적 집단의식이 싹튼다고 생각했습니다. '프랑스 문화'라는 이름으로 프랑스적인 고상함을 옹호하는 파리의 지식인들, 예술가들 때문입니다. 어떤 외연을 갖더라도 '내-문화'의 자명함과 절대성을 확신하는 순간, 그러한 태도는 '타-문화'를 나의 것보다 불확실하고 열등한 것으로 바라보는 시선을 곧바로 작동시키게 됩니다. 나의 옳음은 타자의 틀림과 쌍생적으로 작동합니다.

레비-스트로스는 바로 그런 태도가 자기 안에 있음도 정면으로 직시했습니다. '서적 편중적인 태도', '공상적이고 이상주의적 사고법', '문제를 책상 위에서 해결할 수 있다고 보는 단순한 낙관성과 완고함'. 앞서 레비-스트로스는 '열대'를 다르게 정의했었지요. 레비-스트로스에게 '열대'란 남아메리카 아마존의 원시림이 아니라 인류가 근원적으로 마주한 창발하는 생명력의 대명사였습니다. 그랬던 것처럼 레비-스트로스는 '이슬람'이라는 말도 다시 정의하고자 했습니다. 여기서 '이슬람'이란 마호메트를 믿는 특정한 종교라기보다는 '자기'를 절대시하기에 급급한 완고하고도 자폐적인 자기중심주의를 지칭하는 말이 됩니다.

이런 '이슬람'의 특징은 그들의 조형예술 거부에서 가장 잘 나타납니다. 이슬람교도들은 거의 경멸에 가깝게 조형예술을 비난하곤 합니다. 왜냐하면 조형은 종교적 교리를 단순한 우상으로 전락시키기 때문입니다. 이슬람 사원인 모스크에 가면 마호메트를 비롯한 교단의 성인들 이력이 그려진 성화를 볼 수 있습니다. 그들은 얼굴을 다 가리고 있다고 하지요. 이슬람은 이런 우상숭배를 철저히 배격하면서 교단의 가르침을 절대적으로 실천하려고 합니다. 레비-스트로스가 보기에 그것은 지역주의입니다. 레비-스트로스는 그것을 간단히 바꾸어 '가문 중심주의'라고도 합니다. 자기들끼리만 어울리고자, 자기가 갖고 있는 것만 보호하고자, 푸르다(purdah)라고 하는 여성격리 관습을 고수하면서 사람마저도 소유물처럼 다루는 자기 울타리 고집주의인 것입니다.

『슬픈 열대』를 조금 벗어난 이야기가 되겠지만, 그런 지역중심주의의 정도와 수준을 잘 보여 주는 예가 바로 살만 루슈디

(Salman Rushdie, 1947~)에게 가해졌던 파트와(fatwa)입니다. 살만 루슈디는 영국계 아랍 작가입니다. 그가 1988년에 발표한 『악마의 시』에는 무함마드를 성인이 아니라 세속적인 사람처럼 묘사한 대목이 나옵니다. 이슬람 시아파의 수장 호메이니가 이것을 무함마드에 대한 모욕이라고 보았지요. 그래서 전 세계 무슬림들에게 신성을 모독한 자를 죽이라는 명령을 내렸습니다. 자신들만큼 무함마드를 공경하지 않는다는 이유로, 내가 믿는 것을 너는 믿지 않는다는 이유로, 다른 가치를 믿는 한 사람의 예술가를 죽일 수도 있다고 생각하다니요? 파트와 때문에 살만 루슈디는 그 이후 십여 년을 목숨의 위협을 받으며 조지프 앤턴이라는 가명으로 숨어 지내게 됩니다.살만 루슈디, 『조지프 앤턴』, 김진준·김한영 옮김, 문학동네, 2015 참고 레비-스트로스는 이처럼 '남을 남인 채로 두는' 공존의 기술이 전무한 이슬람을 비판합니다.

레비-스트로스는 이렇게 '남을 남인 채로 두는' 공존의 기술이 전무한 사람들에게 별명 하나를 붙여 줍니다. 아니, 병명(病名)을 하나 붙여 줍니다. 그들은 '만성적인 고향 상실증'에 시달리고 있다고요. 이 지점에서 우리는 레비-스트로스가 왜 고향인 프랑스를 보여 주는 것으로 『슬픈 열대』를 끝맺지 않았는지 이해할 수 있습니다. 자신의 기원을 특정한 장소, 특정한 역사와 연결시키면서 출신을 향수하려는 사람들은 아픈 것입니다. 그들은 무의식적으로 동향이 아닌 자와 자신을 차별적으로 분리하려는 편집증자가 되니까요.

레비-스트로스는 『친족의 기본구조』(1949)라는 책을 발표한 뒤부터 현실의 원시 부족을 탐방하고 그들의 습속을 정리해서 발표하는 인류학 연구는 더 하지 않았습니다. 정체성을 확인하는 방식으로 작동하는 문화의 의식구조는 반드시 타자를 내치는 실천을 수반할 테니까요. 하나의 대상을 누구에게나 똑같은 방식으로 이해시킬 수 있는 수단이 인간에게는 없습니다. 그렇게 정리해 본들 결국에는 문명 최후의 폐허 탁실라처럼 되겠지요. 탁실라의 폐허는 고정된 것, 확실한 것, 모든 자명해 보이는 것들의 무참한 운명을 잘 보여 준 셈입니다.

3. 붓다와 함께

이제 레비-스트로스가 『슬픈 열대』를 마무리하는 두번째 장소로 이동하겠습니다. 미얀마 국경의 시골, 챠웅의 작은 절입니다. 이 절은 검소하고 정갈하게 승려들이 정진하는 장소입니다. 역시, 누구나 알 만한 거대한 불교 유적지가 아닙니다. 레비-스트로스가 챠웅으로 이동한 것은 '이슬람'식 고향 상실증을 넘어설 길을 찾기 위해서입니다.

레비-스트로스는 앞서 모스크를 공허한 망상의 궁전이라고 했습니다. 그렇다면 챠웅은 어떤 모습일까요? 레비-스트로스는 모스크에 대해서는 외양을 간단히 설명하면서 그 전체적인 인상이 주는 위화감을 강조했었죠. 하지만 챠웅에 대해서는 달랐습니다. 챠웅을 그릴 때 레비-스트로스는 성소임을 강조합니다. 온몸으로 경배드리는 곳! 지나치게 화려한 모스크에 비하면 더없이 간소한 것이 또 챠웅이고요. 간소하지만 그곳에는 많은 화상(畫像)이 있었습니다. 모스크에서 화상은 우상숭배 때문에 금지됩니다. 그러나 불교 사원에서는 화상이 우상을 대체하며 그 수를 한없이 늘릴 수 있습니다. 화상 하나하나가 붓다의 가르침을 구체적으로 상상하는 데에 큰 도움을 준다고 보기 때문입니다. 수가 많으면 많을수록 붓다의 말씀이 구석구석 음미되겠지요. 레비-스트로스는 수행하는 챠웅의 한 승려에게도 오래 눈길을 주었습니다.

마룻바닥은 굵은 대를 세로로 켜서 엮은 것이었는데 그것은 사람들이 맨발로 계속 지나다닌 까닭에 반들반들해져서, 일종의 카펫보다도 부드러운 촉감을 주고 있었다. 그곳은 또 조용한 헛간 같은 분위기를 지니고 있었으며, 건초냄새가 났다. 그 단순하고 넓은 방은 내버려진 어떤 건초창고였는지도 모른다. 침상에 깔린 짚으로 된 매트 곁에 서 있던 두 사람의 승려가 보여 주었던 예의 바른 태도, 제식에 필요한 모든 장식물들을 조립하거나 제조하는 데 쏟던 감동적인 헌신과 주의(注意), 이 모든 것들이 나로 하여금 과거의 어느 때보다도 하나의 장소에 대한 어떤 개념을 정확하게 지닐 수 있도록 해주었다.『슬픈 열대』 737쪽

레비-스트로스는 두 종교 사원을 완전히 다르게 개념화합니다. 하나는 한낱 대리석의 꿈에 지나지 않는, 사방이 꽉 막혀 있는 차갑고 거대한 빈 방입니다. 다른 하나에는 작은 방방마다 불상이며 탱화가 가득하고, 정성스런 손길이 간소하기 이를 데 없는 제구와 거의 헛간이나 다를 바 없는 공간을 성스러운 온기로 닦습니다.

제9부_인류학. 나의 무지를 알아 가는 공부

레비-스트로스는 결정적 차이를 두 종교 성인의 모습으로 다시 비교합니다. 둘 사이에는 단 하나의 공통점밖에 없었습니다. 둘 다 신은 아니었지요. 마호메트는 네 명의 부인을 둔 호전적이고 힘이 센 남자였습니다. 반면 붓다는 순결했고 어딘가 여성적인 분위기를 갖고 있지요. 그들의 제자들도 마찬가지였습니다. 마호메트를 추종하는 자들은 아내를 두꺼운 천으로 꽁꽁 감싸고 가족이 아닌 자들은 만질 수도 볼 수도 없게 만들지요. 아내를 얻으려는 사나이는 그녀의 아버지의 집에 침입자로 들어갈 수밖에 없고, 그가 가정을 꾸린다면 이제는 어떤 침입자도 막아야 하는 억지를 부려야 합니다.

붓다의 제자들은 다릅니다. 그들은 머리를 깎고 가족 없이 정진합니다. 불교의 승려는 세속의 여성들처럼 일합니다. 스님들은 사원을 최고의 정성을 기울여 닦으며 부처님에게 경배를 드립니다. 그들의 기도는 과연 누구를 위한, 인류의 어떤 성취를 위한 것이었을까요? 한 개인의 영달을 위한 것이었을 리가 없습니다. 그들의 모습은 기식자(寄食者), 수인(囚人)으로서 남성도 여성도 아닌 제3의 성인인 듯 보이니까요. 레비-스트로스는 경배하는 승려들의 성스러운 태도를 보면서, 여성과의 융합, 인류와의 융합, 어머니에 대한 감사와 사랑으로 돌아갈 길을 닦는 불교에 대해 생각했습니다.

저 승려들의 스승인 붓다가 진정으로 깨달은 것은 무엇일까요? 탁실라가 보여 주듯이 결국 무너지고 말 문명, 끝내 사라지고 말 이 모든 시도에는 어떤 의미가 있는 것일까요? 이 지점에서 레비-스트로스는 붓다가 강조한 '무지'를 음미해 보았습니다. 무지에 관해 설파했던 이 위대한 종교는 모든 것의 무의미를 주장했던 것이 아니라 존재와 존재하지 않음, 지(知)와 무지(無知)의 사이를 가르는 구별 자체를 넘어갈 것을 강조했습니다. 그러면서도 무지를 부정하지도 않았지요. 의미와 무의미를 가르는 분별에 대한 부정은 보다 작은 의미로부터 보다 큰 의미로 나아가는 일련의 단계들 가운데 맨 마지막에 위치하는데, 우리는 그 각각의 단계들을 통과하지 않으면 안 된다고 하지요.

* * *

레비-스트로스는 암흑의 핵심 한가운데에서 숲을 마주한 한 사람의 인간 즉 인류의 한 존재로서의 자기를 찾았습니다. 유럽인도 열대인도 근본적으로는 창발하는 문제들 속에서 자기 번뇌를 하나씩 하나씩 해결해 가야 하는 가련한 인간에 불과합니다.

우리는 자신의 해결 방법이 얼마나 제한적이고 어리석었는지를 계속 보고 가야 합니다. 내가 시도하고 얻은 성취와 실패는 결과적으로 나의 무지를 보여 주는 것으로서 의미가 있습니다. 인류학자에게 의미 있는 대상은 저 밖에 덩그러니 놓여 있는 타-문화가 아니라, 다른 삶을 바라보며 자기 삶의 어리석음을 깨달아 가고 있는 자기입니다. 인간에게는 겨우 그것밖에 알지 못했던 자신의 유한한 경험을 계속 넘어가는 것, 무지한 자신을 계속 깨 나가면서 최후의 깨달음에 이르는 것 외에 다른 운명은 없습니다. 여기까지 생각이 미쳤을 때 레비-스트로스는 비로소 긴 한숨을 쉴 수 있었습니다. 자신을 지금에 이르게 한 그 모든 사람들, 사건들, 어떤 것도 부정할 필요가 없었기 때문입니다. 그는 무지를 깨 나가는 긴 여정 속에 자신이 이미 들어와 있음을 알게 되었습니다.

레비-스트로스는 챠웅 사원을 나오면서 만물과 온 인간과 같은 운명의 수레바퀴 속에서 함께 부딪치며 살아가야 한다는 것을 새롭게 느꼈습니다. 훌륭한 인간도, 그러한 인간들의 문명도 없다는 것, 다만 우리는 최후의 무를 향해 함께 걸어가는 사이라는 것을 말입니다. 숲의 인간은 무수한 타자들과 온갖 공생의 지혜를 발휘하면서 살아야 합니다. 그런데 공생의 첫걸음은 자신의 무지를 깨닫는 데에 있었습니다. 자신의 관점이 더 큰 전체의 일부만을 포착할 뿐이며, 다른 관점보다 특별하게 더 중요한 것이 아님을 이해하면서 내딛는 한 걸음! 타자들과 함께 살아가기 위해 필요한 것은 무지에서 출발하는 자기 성숙을 향한 열망이었습니다.